¡NO TE OLVIDES DEL PAN!

Crisis laboral y pareja

7 historias cotidianas

MARION SUFFERT

Créditos

Título original
¡No te olvides del pan! - Crisis laboral y pareja

© Marion Suffert, 2019
© De esta edición: Pensódromo SL, 2019

Diseño de cubierta: XD Factory
(xdfactory.es@gmail.com)

Editor: Henry Odell
e-mail: p21@pensodromo.com

ISBN: 9781708704322

Cualquier forma de reproducción, distribución, comunicación pública o transformación de esta obra solo puede ser realizada con la autorización de sus titulares, salvo excepción prevista por la ley. Diríjase a CEDRO (Centro Español de Derechos Reprográficos, www.cedro.org) si necesita fotocopiar, escanear o hacer copias digitales de algún fragmento de esta obra.

Índice

Introducción 9

La historia _____ 10
Una reflexión y un consejo _____ 13
La parte oculta _____ 13

Capítulo 1 · El teléfono 15

La historia _____ 15
Su historia _____ 20
La familia _____ 26
La parte oculta _____ 31

Capítulo 2 · El desayuno 35

La historia _____ 35
La parte oculta _____ 52

Capítulo 3 · La cena 55

La historia _____ 55
La parte oculta _____ 75

Capítulo 4 · La televisión 79

La historia _____ 79
La parte oculta _____ 108

Capítulo 5 · La cerveza 111

La historia _____ *111*
La parte oculta _____ *125*

Capítulo 6 · La comida del domingo **129**

La historia _____ *129*
La parte oculta _____ *147*

Capítulo 7 · El coche **151**

La historia _____ *151*
La parte oculta _____ *177*

Anexo
La mirada del psicólogo de pareja **181**

El desempleo y el rol en la pareja _____ *184*

Acerca de la autora... **185**

*Especial agradecimiento a Annie Di Domizio,
psicóloga clínica especializada en el impacto
de la familia en la carrera profesional,
sin la ayuda de quien nunca hubiese
llevado a buen puerto estos relatos.*

*Gracias a Dominique Clavier,
psicólogo del trabajo, especializado en la
relación del hombre con su trabajo,
por su sabiduría.*

Y gracias a ambos por su complementariedad.

Introducción

La pareja de la persona que busca trabajo está igualmente implicada en esa búsqueda tanto como el propio interesado. Su rol en la búsqueda es clave y el éxito de esta depende en gran parte de ella y de su entorno.

Entonces, ¿qué deben hacer para facilitar ese cambio de la persona que aman?

La gente que ama no sabe muy bien cómo abordar esa situación.

Esta situación supone un cambio que incide en su propia vida, en su identidad, en sus sentimientos, en su rol en la pareja. El entorno también vive el cambio que esta situación supone. ¿Quién debe actuar? ¿Quién y cómo abordar al otro? ¿Es al propio implicado que corresponde actuar con su entorno, o al entorno actuar con el implicado?

No son preguntas de ricos. En temas de trabajo, los ricos sufren tanto como los pobres. El estado de no trabajo no es un sufrimiento reservado a los que no tienen dinero. Sin duda, la persona sin trabajo está preocupada por el dinero. Esto lo damos por supuesto. Pero si piensas que el no trabajo es un problema principalmente económico, quizás este libro te sorprenda. El papel del amor en situaciones de cambios profesionales es más complejo de lo que parece.

Este libro ayuda a mirar y reflexionar sobre cómo mantener el equilibrio en situaciones de cambio en el entorno socioeconómico que influyen, hoy en día, en la vida afectiva de las personas. Aporta una visión humanista, cariñosa y porque no, científica, de las dificultades que surgen en la pareja en estas situaciones de no trabajo.

Para ello, analizaremos las historias de siete parejas en sendos capítulos.

Cada capítulo tiene tres partes:

1. La historia: una situación, una anécdota de la vida de una pareja en el cual uno de los dos está en paro.
2. La parte oculta: la lectura de la historia por el consultor de carrera y la lectura de la historia con la mirada terapéutica de un psicólogo de pareja
3. Una reflexión en forma de epígrafe y un consejo.

La historia

Este libro cuenta la historia de siete parejas. Cada pareja es diferente, vive en un sitio diferente, tiene estructuras familiares diferentes y contextos diferentes. Cada implicado en el cambio de trabajo tiene su propio pasado, su propio presente y su propia necesidad y expectativa ante su pareja. Cada pareja tiene su propio modo de funcionamiento.

Siete momentos del no trabajo: cada historia se produce en un momento «especial» de la cronología del paro. No se puede hablar de búsqueda de trabajo sin hablar del tiempo. Cada historia se sitúa en un momento diferente del paso del tiempo, considerando que existe una cronología en el no trabajo, con emociones, pensamientos y manejo diferente de la situación. El trabajo procura un reconocimiento simbólico de su valor social y su pérdida supone una pérdida de autoestima que se reabre en cada acción o gestión infructuosa o negativa. La persona que pierde su trabajo debe superar situaciones y heridas «narcisistas» múltiples y diversas, atravesando diferentes fases o etapas.

Nuestra cronología divide el tiempo en siete momentos, en siete etapas. La primera historia se desarrolla en el momento del despido. La última casi tres años después.

La cronología del paro y de nuestras historias es la siguiente:

◊ El teléfono: El momento del anuncio del despido (el primer día)
◊ El desayuno: La comunicación del cambio a los demás (la primera semana)
◊ La cena: La reacción de los amigos (al cabo de dos meses)
◊ La televisión: Lo que viven los hijos (al cabo de cuatro meses)
◊ La cerveza: La ayuda de un amigo (han pasado siete meses)
◊ La comida del domingo: La mirada de la familia (ha pasado un año)
◊ El coche: La vuelta al equilibrio (el cambio se inició hace tres años)

	EL TIEMPO	
El teléfono *Anuncio del despido*		Día 1
El desayuno *La comunicación con los demás*		Semana 1
La cena *El apoyo de los amigos*		Semana 2
La televisión *Lo que viven los hijos*		4 meses
La cerveza *La ayuda del amigo*		8 meses
La comida del domingo *El entorno familiar*		1 año
El coche **Volver al equilibrio**		Más de 2 años

Una reflexión y un consejo

Cada historia se introduce con una reflexión en forma de epígrafe y finaliza con un consejo.

La reflexión hace referencia a un aprendizaje genérico. La situación vivida por cada una de las parejas ilustra una realidad, un aprendizaje, casi una regla, que rige la búsqueda de trabajo. Esta reflexión puede aplicarse a todas las parejas cuando uno está sin trabajo.

El consejo es, nuestra opinión, sobre la conducta a llevar a cabo. El consejo de dirige a veces a la persona, a veces a la pareja, a veces a ambos, a veces a su entorno.

La parte oculta

La lectura de la historia por el consultor de carrera

Se trata de leer la historia con la mirada de un consultor de carrera. Más allá de las técnicas de búsqueda de trabajo y de la «empleabilidad», se trata de abordar los elementos que influyen en la capacidad de actuar de la persona: no basta con plantar una semilla para que el trigo crezca. Plantar es indispensable, pero el sol, la tierra, el agua, el entorno influyen en el crecimiento del trigo. No se ven. Pero son realidades demostradas. La pareja es una de ellas. El consultor ampliará su mirada, abordando también elementos de «gestión del cambio» y de la relación de cada persona con su trabajo[1].

La lectura de la historia con la mirada terapéutica de un psicólogo de pareja

Se trata de leer nuestras historias con la mirada de un psicólogo especializado en sistemas de pareja

---
1. Dominique Clavier - Annie Didomizzio: *Sur le chemin du travail*, Quebec, Editions Qui plus Est, Septembre editeur, 2013.

y terapia familiar[2]. Esta mirada observa el sistema de funcionamiento de cada una de las parejas, a partir del modelo que los psicólogos llaman «sistemas de colusión»[3].

Una pareja que vive una situación de desempleo atraviesa un cambio en su mecanismo de funcionamiento. Esa situación de desempleo actúa como un grano de arena en el mecanismo.

Todo ello forma parte de un sistema donde el entorno y sobre todo la pareja son elementos determinantes del éxito de la búsqueda de trabajo.

---

2. Annie Didomizzio: Psicóloga experta en la pareja y el trabajo, ha participado directamente en la construcción de estas observaciones.

3. Jürg Willi: Médico especialista en psiquiatría y psicoterapia.

Capítulo 1 · El teléfono

> El despido no rompe la pareja,
> si no es que la pareja ya está rota.

La historia

Salir a la calle es extraño. El bar de enfrente, su terraza, el ruido de los coches, las calles y el color del pavimento con piedrecitas de múltiples grises. Hasta hoy todo ello le pertenecía, formaba parte de ello. Ahora se siente como un impostor, un extraño para las piedrecitas y las mesas de la terraza.

El parking está a unos pocos metros, pero no quiere bajar a la oscuridad ni decidir hacia dónde ir. Ahora no. Luego. Se aleja de la oficina y del lugar y camina con decisión por la avenida donde la circulación parece haberse reducido. El suelo esta mojado. El sol se abre paso entre las nubes dejando ver los tonos azules antes ocultos por el chaparrón de la mañana. La calle ancha proporciona alivio y la oficina cercana invoca dolor.

Cuando se siente suficientemente alejado y con menos riesgos de encontrarse con algún conocido, ralentiza el paso hasta llegar a la librería. Mira los libros concentrándose en los títulos. Respira el aire de la lluvia hundiendo sus manos en los bolsillos de sus pantalones. Mira el reloj de la tienda a través del escaparate. Solo han pasado diez minutos desde que ha terminado la entrevista. Tiene la mente en blanco. Disfruta de la humedad soleada y de su soledad.

Acaban de despedirle y le han hablado de una indemnización prometedora. Al menos ochenta mil euros. Consigue pensar en ello. Esto es una realidad comprensible, porque además ya hizo cálculos cuando empezaron a reducir plantillas hace más de dos años. El cambio de organización estaba teóricamente acabado y llevaba meses sin pensar en ello. Recuerda su mezcla de nostalgia y de alivio cuando finalmente descubrió que su nombre no estaba en «la lista», volviendo a su día a día comercial y aparcando sus sueños de cuenta propia.

Entra en la tienda y pasea entre las filas de libros. Uno de los vendedores está subido a una escalera, colocando volúmenes en las estanterías de arriba.

Cuando se le caen varios libros, Carlos inicia con él una conversación cordial, donde se mezcla la renovación reciente de la tienda, la competencia de internet, Amazon, los *e-books* y la competencia de las tiendas *online*, sea en el mundo editorial como en el resto de los bienes de consumo. Ambos acaban riéndose de la mediocridad de la literatura de desarrollo personal. Carlos se muestra como siempre parlanchín, alegre y divertido.

Se siente como si fuera doble. Una sensación de estar volando encima de su mini yo, observando como pasea entre los libros, disfrutando de no tener ni prisas ni compromisos. El vendedor le enseña algunos títulos de referencia; Carlos se sienta y empieza a leer fragmentos sobre los aleas de la autoestima.

Capítulo 1 · El teléfono

Siente como se va relajando con el ambiente cálido de la tienda y los ruidos tamizados de los clientes paseándose entre las estanterías. La protección de los comics infantiles parece haberle alejado del día, de la hora y de la realidad. Oye las campanas de una iglesia cercana. Se apoya en Batman y Spiderman. Cierra los ojos y se queda dormido.

El ronroneo del móvil en su pantalón lo despierta. No llega a tiempo. El móvil se queda enganchado en el bolsillo trasero. Mira y toquetea la pantalla. Llamada perdida de Charo y tres mensajes de *WhatsApp*. Nota los indicios de impaciencia detrás del mensaje: «¡No te olvides del pan!». En otro momento, hubiese contestado por escrito. Probablemente sería más prudente, pero sigue bajo la anestesia del sueño y en estado de cuelgue traumático por el despido. Frotándose las sienes, aprieta el botón de devolución de llamada.

Oye la voz de su mujer y los ruidos de su casa. Sin saludos previos, Charo lanza:

—¿Qué?

Ante semblante ataque, Carlos siente la necesidad de disculparse.

—Nada... He llegado tarde a tu llamada.

Carlos nota su voz insegura. Una voz dormida que anticipa el reproche. y que lo provoca. Se siente en falta. En falta por tardar en coger la llamada, por no haberse encargado de llevar su hijo esta mañana, por hablar demasiado fuerte, por evitar contarlo todo, por su miedo constante al regaño, por su engaño, por todo lo dicho y lo dolido. Solo se le ocurre decir:

—¿Qué tal?

Un ligero silencio responde a la pregunta inocua. Un silencio tenso, corto, donde se mezcla la sorpresa y la metida de pata. Charo le suelta:

—¿Has comprado el pan? ¡Te he mandado tres mensajes para que te acuerdes de traer el pan!

Se oye el movimiento ajetreado de Charo. Está moviéndose en la casa, con prisa y agobio. Carlos se la imagina paseándose entre la sala de estar y la cocina, entre el perchero, el armario, recogiendo, colocando y acelerando sus tareas para remontar el tiempo. El teléfono en la mano o en el hombro, o con el altavoz. Recientemente, Carlos le propuso comprarle un manos libres, hablándole de una oferta que había leído al respecto. La conversación acabó con un portazo, donde Charo le reprochaba ser incapaz de hacerle regalos si no fuera para convertirla en esclava de la productividad doméstica.

—Me acaban de despedir.

Es la primera vez que Carlos lo dice en voz alta. El sonido de su voz suena como un despertar, un gong lejano, donde percibe su enfado, su pena, su liberación y su impulso de revancha. Sus propias palabras levantan un mini tsunami mental, donde pequeños demonios escondidos aprovechan para salir de su guarida.

—No te escaquees. ¿Has comprado el pan?

Charo sigue concentrada en la acción y en su impaciencia, percibiendo de nuevo la intención de Carlos de evitar el conflicto.

—Te digo que me han despedido. Que me han echado de la empresa.

Carlos siente la necesidad de repetirlo, de compartir esta realidad. A la vez, algunos de los demonios liberados van cogiendo fuerza, tales como el enfado y la revancha. Su tono se hace más asertivo, más contundente.

—¡Y yo te pregunto si has comprado el pan...! ¿Cómo? ¿Qué quieres decir?

Capítulo 1 · El teléfono

Se nota un cambio en su nerviosismo, la exasperación se mezcla a la incomprensión. Ha dejado de moverse y se concentra finalmente en las palabras de su marido.

—Quiero decir que me acaban de despedir. Estoy en la librería, al lado de la oficina.

Es la tercera vez que Carlos formula la realidad. La realidad del despido, la realidad de donde está, la realidad de lo que está pasando. Los demonios ralentizan su carrera y empiezan a ubicarse confortablemente en sus neuronas.

—¿Te acaban de despedir? ¿Y estás en la librería? ¡Mira Carlos, estoy bastante harta de tus tonterías y mentiras! ¡Lo único que entiendo es que no has comprado el pan! Al menos, podrías...

—¿Cómo quieres que piense en el pan ahora? Acabo de ver tu mensaje.

La toma de conciencia de Carlos aleja a Charo de su realidad. Carlos empieza a despertarse. Se arrepiente de haber devuelto la llamada. Necesita pensar. Oye de lejos a Charo seguir hablando. Mira el reloj y trata de calcular el tiempo necesario para pasar por la panadería, para llamar a su amigo, para actuar. Sin escuchar nada más, añade:

—Bueno, ahora voy a casa. Ya hablaremos.

Cuando baja el brazo para cortar la llamada, escucha todavía la voz de Charo repitiendo:

—¡No vengas a casa sin el pan! —La subida de tono ha sido más rápida que de costumbre. Oye como cuelga el teléfono.

Se queda un ratito mirando la pantalla, hasta que levanta la cabeza y toma conciencia de donde está. El lugar, el momento, el día, la hora. Batman y Spiderman siguen ahí, inmóviles. Carlos decide comprar el libro sobre la autoestima. Saluda con agradecimiento a su amigo vendedor, acróbata de las altas literaturas.

Su historia

Charo vivió toda su vida en el mismo pueblo. Nació, creció, se casó y probablemente se jubilará ahí. Su tierra, su lugar, su comarca y su casa. Es la cuarta de cinco hermanas, con una madre sola, modelo de cariño, de lucha, de disciplina, de dolores y de sonrisas. Las reuniones familiares con tíos y primos eran alegres, peleonas, ruidosas y afectuosas.

Charo salía con sus primos y con los chicos del pueblo, a pelear o escalar o dar vueltas en moto por el monte. Las motos solían ser para dos, rotando entre conductor y paquete. Solían estropearse con facilidad, por el peso, por las piedras o por el estado de los senderos. Eran motos cuyos decibelios no eran proporcionales a la potencia, ensuciaban los pantalones y quemaban aceite. Los chicos le enseñaron a vivir cogida al manillar, compitiendo en desafíos adolescentes del tipo «juégate la vida». Los veranos eran una yincana de tres meses donde se juntaban peñas de chicos y chicas, del pueblo o de Barcelona, pijos, frikis o progres. En verano desaparecían los clivajes identitarios.

Durante el día, se alternaba entre excursiones por el monte y partidos de tenis. Durante la noche, se variaba entre bares, casas sin padres, bosques del valle, con copas y algo de música, o con porros y algo de ligoteo. Por la noche Charo solía ser discreta, incluso tímida. Intentaba pintarse y peinarse, pero los tacones le molestaban y los juegos de sonrisas también. Solía irse a la cama pronto. Su territorio era el día, durante la competición y la conquista del monte. Cuando cumplió diecisiete años, con sus ahorros y la ayuda de su tío, compró una moto de trial con la cual pudo empezar a asaltar el mundo. Caminos escarpados, ríos, bosques e incluso cuevas, ningún lugar pudo resistirse a su afán de conquista. Las ruedas de la Montesa se gastaban saltando y golpeando contra las piedras. Una comarca puede llegar a tener más rincones que el universo y Charo llegó a conocerla en todos sus paralelos y meridianos. Compartía la vegetación, el clima, los olores, los paisajes, su historia y su gente.

Los chicos, fueran de ahí o de fuera, la respetaban. Respetaban su risa, su susceptibilidad, su resistencia y tenacidad. Calamity Jane no dejó nunca de ser mujer. Su fuerza aparente y su ternura oculta podían transformarse en violencia si de una ofensa percibía un ultraje. Los chicos lo sabían y lo respetaban.

Carlos era uno de esos chicos. Pijo, de Barcelona, que había viajado y conocía gente, con moto y raqueta. Se apuntó a las excursiones motorizadas donde ella hacía de guía, y a los picnics nocturnos con el conjunto de la peña. Grandullón y machote, se dejó seducir por este trozo de mujer disfrazada de Billy the Kid. Ella lo retaba y el la protegía. Compitió con ella, primero con la moto, luego con la raqueta. Tras acompañar un par de veces a Charo a su casa, se infiltró en la familia por la puerta de la cocina. Era la hora de comer y pasó de ayudar a dirigir. Madre complacida y hermanas seducidas, todo el mundo lo acogió con los brazos abiertos.

La madre compartía con él las labores de la compra, disfrutando de su entusiasmo y creatividad culinaria. Empezó a cocinar también para los encuentros familiares, llegando a organizar partidas de dobles de tenis con los tíos y primos de Charo. Tardó más de un año en darle el primer beso. A partir de entonces, fueron. inseparables: Carlos y Charo, un solo y mismo nombre. Al final del segundo verano Carlos ya formaba parte de la familia. Era vividor, alegre, machote y protector. Era el hombre de la casa.

Un día, Carlos propuso a Charo hacer una excursión de dos días por el Cadí, con motos, agua y víveres. Era Semana Santa, cuando en España la temperatura oscila entre cero y treinta y cuando el viento de los Pirineos combate el sol del Mediterráneo. Las viejas montañas con sus alturas cubiertas de hielo emprenden de nuevo su defensa perdida contra los ataques del sur veterano. El sol alcanza las cimas, trasformando los caminos en torrente y derritiendo hasta las piedras. Al llegar arriba de todo, instalaron la tienda de campaña detrás de unos arbustos, cenaron y se acostaron bajo un cielo estrellado. A media noche, se despertaron en medio de rayos, truenos, torrentes y vientos. El ataque final del invierno. El agua invadió la tienda de campaña y el temor de los truenos el corazón de Charo. Se refugió en los brazos de Carlos, dejando por una vez vislumbrar sus miedos. Al cabo de tres meses, se casaron. Tenían veintiún años. Fueron felices durante dieciocho años.

Carlos abre la puerta de casa con las manos vacías. Charo guarda silencio ante la ausencia del pan. Sus hijos están instalados para la cena, charlando sobre conocidos del pueblo, rumores y cotilleos de compañeros del fútbol y de la noche. Charo pone la mesa y sirve la cena, moviéndose entre el fregadero y la nevera. Posiblemente no haya llegado a sentarse ni un solo momento entre la llamada de antes y la cena de ahora.

La cena se desarrolla con algo más de tensión que de costumbre, si bien los matices no son siempre perceptibles para todos. El fantasma de un pan inmenso se pasea por la cocina, limando las palabras de unos y estimulando las de otros. Charo no abre la boca. Carlos opina y argumenta, tratando de dar a la conversación un tono ligero y desenfadado, intercambiando con sus hijos sobre sus amigos.

Capítulo 1 · El teléfono

Ninguno de los dos intercambia mirada. Hasta que surge en la conversación el tema de la Navidad. El viaje familiar en crucero está planificado desde hace meses, con el hermano de Carlos, mujer e hijos.

—No está claro que iremos —suelta Charo.

Ambos hijos se giran hacia su madre. Se abalanzan entre la sorpresa de su súbita intervención y la incomprensión de lo que es ya percibido como una decisión.

—¿Por qué dices esto? —pregunta Carlos— no entiendo a qué viene esto... ¿Quién dice que no iremos? No veo...

Carlos gira la cabeza. Ahora sí se miran. Dudan, quizás por última vez, entre la complicidad y el enfrentamiento. En este intercambio de miradas se lee el deseo y la duda de ambos de hablar, así como el acuerdo de silencio ante los demás.

—No sé si nos conviene gastarnos tanto dinero en una semana de viaje. Creo que ahora no toca —precisa Charo.

Charo hunde los hombros. Su voz se ha hecho más suave. Todos se quedan callados hasta que añade:

—Es la hora de irse a la cama o a la habitación. Papá y yo tenemos que hablar.

Asombrosamente obedientes, los hijos abandonan el comedor. Está claro que algo ha pasado y no conviene preguntar. La cocina se queda inhabitualmente desordenada mientras Carlos y Charo se sientan en la sala de estar.

—No entiendo lo de las vacaciones de Navidad. Ayer hablé con Juan de los billetes de avión y quedamos en...

Están solos. Charo nota como Carlos se está escabullendo. Ella percibe con desprecio lo que él usa con la excusa de no herirla. Además, dos horas de lavadoras y otras tareas domésticas llegan a ser productivas en susceptibilidades. No soporta estas posturas evasivas. Nunca le ha gustado lo políticamente correcto. Le corta la palabra con algo de agresividad.

—¿Qué vas a hacer?

—¿Cómo que qué voy a hacer? Mira, quiero hablar de la situación con calma. No quiero discutir contigo. Siento haberme olvidado del pan. No quiero que te preocupes por lo que te he dicho. Ya nos apañaremos. Mira, las cosas no...

Carlos está a la defensiva, temiendo la situación. No controla nada, ni la cena, ni el pan, ni tampoco la Navidad ni lo que pasa en ese momento.

—Te he preguntado lo que piensas hacer. Si te han despedido, seguro que tienes pensado algo. ¿Qué piensas hacer?

Charo duda. Nota que su tono no le ayudará a saber lo que quiere saber. Se da cuenta que Carlos no está centrado. Se sienta en el sofá. Tiesa, pero sentada.

—Ahora que no tienes trabajo, ¿qué piensas hacer? —insiste.

El tono de Charo no es fácilmente interpretable. Se mezcla compasión y sospecha. Igual que una madre que descubre el lío en el cual se ha metido su hijo y trata de averiguar la verdad para encontrar el castigo apropiado.

Carlos trata de recuperar su seguridad.

—No tienes que preocuparte. Lo tenía previsto. Este fin de semana intentaremos no pensar en ello. El lunes me pondré en marcha. Haré algunas llamadas y...

—¿A quién? Supongo que te refieres a tus amigos emprendedores. Te aviso, no estoy por la labor. No sé lo que ha pasado en tu trabajo y no lo quiero saber. No te lo pregunto. Pero no pienso, además de todo lo demás, aguantar a esta gente y a tus líos con ellos.

Como suele pasar a menudo, la frase externa al contexto enciende la mecha.

Capítulo 1 · El teléfono

—No ha pasado nada. No veo a qué viene este comentario. No tengo nada que esconder... ¿A qué te refieres con eso de «no sé lo que ha pasado...»? Me llamaron hoy a las cinco de la tarde para decirme que me quedara para una reunión a las seis. Olía mal. Allí estaban el de marketing y el de ventas. Y este último, en vez de recordar que llevo años salvándole el culo, no ha soltado ni una palabra sobre mis resultados de cada año.

—Te he dicho que no quiero saberlo. Ya lo veías venir. No hace falta decir nada más.

Charo se levanta de nuevo. Busca nerviosa en los cajones de la mesita. Encuentra un paquete de Ducados, donde quedan tres cigarros secos y arrugados. Enciende uno, recuperando instantáneamente sus gestos y reflejos de adolescente rebelde. Lleva casi veinte años sin encender un cigarrillo.

—¿Lo veías venir? ¿Lo tienes todo previsto?

Carlos se ha puesto rojo. No suele enfadarse a menudo. Sus enfados surgen como rabietas, violentas y ruidosas. Contesta:

—Sí, claro que lo veía venir. Sabes que trabajo día y noche. Dentro y fuera de la empresa. No es para divertirme. Preferiría aprovechar el tiempo para jugar al tenis. Llevo años trabajando para la empresa y para nosotros. Si digo que lo veía venir es porque llevamos tres expedientes de regulación y que la empresa está reduciendo su plantilla desde una punta a la otra del planeta.

—¿Ah sí? ¿Y por qué entonces no estabas en la última lista? ¿Será porque a los demás no los han despedido pero a ti sí?

Se siente mareada. Ha perdido la costumbre de fumar. Lleva dos horas esperando a Carlos y pensando en esta conversación, tomando conciencia de la situación. Imaginando a Carlos, llamando y actuando a sus espaldas. Apaga el cigarrillo en el cenicero de los invitados. Un cenicero siempre limpio.

—No tengo ganas de irme con tu hermano a pasar las Navidades. Tampoco con sus hijos y su mujer con tacones. ¡Y mucho menos de gastarme un pastón de mi dinero en un autobús de ricachón encerrados en salones, porque fuera hace un frío que pela! Tampoco tengo ganas de verte meterte en negocios turbios con capullos con corbata que se ríen de mí, tomándome por imbécil.

—¿Negocios turbios? ¿Qué te toman por imbécil? Tú qué sabes de... Mira Charo, ahora no quiero tener una escena. ¿Sabes el día que he tenido? No crees que... Bueno, tendré que trabajar, y no son negocios turbios...

—¿O sea que ya estas decidido? ¿Ya has hablado con ellos? ¿Antes incluso de llamarme a mí?

Carlos coge a su vez el paquete de Ducados, enciende uno y dice con cansancio:

—Vámonos a dormir. Esperaba otra cosa. Parece que no aprendo. No tengo ganas de seguir hablando. Voy a fumar fuera.

Se levanta. Pega un portazo. Termina su cigarrillo fuera, leyendo sus mensajes y enviando otros.

La familia

Hasta que empezó la crisis entre ambos, Carlos se encargaba de todo. Era el que sabía de vacaciones, de cocina, de banca, de barbacoa y de jardín. Su identidad profesional le legitimaba para ello. Trabajaba en una gran empresa y sabía de números. Llevaba las cuentas, las pólizas de crédito, las compras y las reservas de hoteles y de aviones. Ejecutivo reconocido, disponía de un coche confortable y potente, tenía tarjeta oro de todas las compañías aéreas y conseguía siempre la mejor oferta al mejor precio.

Capítulo 1 · El teléfono

Charo confiaba en él para todo y su papel se centraba en aspectos logísticos, escolares, lúdicos y educativos de los niños. El mundo kafkiano de la administración, de la economía, de los descuentos del supermercado, de la renovación de pasaportes, de la declaración de renta, de los errores de Endesa o de la compañía de agua, de los planes de pensiones, del seguro de hogar, o de la gestión del patrimonio familiar no formaban parte de su universo.

Carlos sabía de qué iba todo ello. Carlos se hacía cargo.

Cuando los niños llegaron a la edad escolar, Charo cogió un trabajo *part-time* de administrativa en una correduría de seguros. Seguía llevando ella los niños al colegio y solía llegar a tiempo para recogerlos y repasar los deberes. Disfrutaba del cambio de rutina, del trayecto en moto hasta la oficina, las relaciones con las compañeras y del pequeño sueldo que le permitía gestionar algunas cosas suyas y de los niños.

Carlos y ella seguían saliendo en moto, primero con sus hijos «de paquete», luego con un ejército de moteros y jóvenes. Charo hacía de guía, recorriendo con los adolescentes del pueblo los caminos y riachuelos que ella conocía más que nadie. Los hijos estaban orgullosos de su madre motera y de su padre ejecutivo. Los padres de los adolescentes confiaban en ella, recordando su *expertise*, tanto de las piedras como de las emociones y de los juegos infantiles. Charo y Carlos organizaban todo tipo de campeonatos y competiciones, fueran locales, escolares, de fútbol o de tenis. Los fines de semana, Charo disfrutaba compitiendo contra Carlos en partidos de tenis. Los participantes se rifaban a Charo como pareja de dobles, sabiendo que con ella tenían la posibilidad de ganar a Carlos. Charo era célebre por sus *passing shots* cuando él subía a la red. Ambos eran también célebres por sus piques sobre rayas, *net* y *let*.

Los domingos de invierno, la familia numerosa de Charo se juntaba para disfrutar de la cocina de Carlos. Para él era un reto preparar guisados para el número más grande posible de convidados, manteniendo en secreto sus trucos culinarios y disfrutando de los aplausos. Saboreaba su imagen de generosidad, de creatividad y de hospitalidad. Los días de lluvia, los más de veinte miembros de la familia se quedaban alrededor del fuego de la chimenea para una partida de cartas que juntaba tanto a los jóvenes como a los mayores. El juego consistía en eliminar progresivamente a todos los jugadores, hasta finalmente celebrar el ganador, sobre todo si era joven. La baraja era española y el juego un compendio de reglas incomprensibles para cualquier foráneo. Las partidas eran ruidosas, dando lugar a discusiones interminables sobre el origen y la aplicación de las reglas. Podían alargarse en la tarde del domingo, dando de nuevo la oportunidad a Carlos de demostrar su creatividad para la preparación de una cena improvisada. Esas tardes de lluvia en casa de Charo y Carlos eran el alivio a la tristeza del domingo. Transformaban la melancolía de esas últimas horas del final de semana, devolviendo su justo merecido a la suavidad y ternura de los domingos de lluvia.

Con los años, la empresa donde trabajaba Carlos fue creciendo y él se fue estancando. Su territorio comercial se reducía, o no lucía. Resultaba más agradecido estar con los clientes que en el despacho. Fuera seguía siendo un ejecutivo atrevido, dentro era un elemento del presupuesto. Encontraba en los viajes lo que no encontraba en la oficina. Huía de los controles y de los procesos, justificando sus ausencias por sus resultados.

En casa, sus viajes y ausencias obligaron al resto de la familia a cocinar sin él. Coincidió con el cierre de la correduría, Carlos propuso que Charo se quedase en casa. Le dio un dinero semanal para la compra, con recomendaciones y prescripciones. A pesar de ello, la nevera se fue llenando de zumos y postres diferentes, mientras él iba buscando otras partidas, fuera de la empresa y fuera de su casa.

Carlos aprendió a disfrutar de pequeñas operaciones fructíferas. En el auge del crecimiento económico de España, inició varias pequeñas inversiones con la ayuda de nuevas amistades que halagaban sus iniciativas y espíritu emprendedor. Aprendió a jugar en bolsa, compró un piso en la costa, lo alquiló, luego otro, e invirtió en el lanzamiento de pequeños negocios de sus nuevos amigos y colegas. Estas operaciones alargaban sus viajes, desviando su ruta comercial hacia la gestión de sus nuevas operaciones. Fardaba de ellas bajo la mirada dudosa de Charo. Tal como una madre que desaprueba las nuevas amistades de su hijo, Charo percibía las nuevas amistades de Carlos como malas influencias. No se sentía a gusto ni con ellos ni con sus mujeres. Lucían de discursos económicos donde todos opinaban y se reunían en restaurantes de Barcelona que alejaban a Carlos de su casa.

Nunca había sospechado de él. De pronto los viajes prolongados y las cenas en las cuales no quería participar despertaron su fondo de desconfianza, percibiendo cada viaje como un escarnio. Las partidas de cartas de los domingos de invierno se fueron espaciando, o más bien se fueron mudando a casa de su hermana pequeña.

Carlos tuvo una aventura. Nunca le había pasado. No supo esconderlo. La aventura no duró. La desconfianza de Charo sí. El enfado se consolidó.

Al descubrirlo, pareció derrumbarse el sacramento de seguridad y protección firmado una noche de tormenta en un campamento de montaña veinte años antes. Descubrió todo lo que no quería saber: las ganancias de las inversiones de Carlos iban a una cuenta bancaria propia, los pisos y la casa estaban a su nombre y el alcohol de los guisados familiares era de marca blanca.

La empresa cambió el coche de Carlos por uno más pequeño. Charo descubrió también que la moto de su hijo tenía un motor apañado. La moto había costado casi la mitad del precio proclamado, al igual que el collar regalado en compensación de su traición.

Con todo ello, Charo decidió suspender las excursiones en moto y las partidas de tenis para acercarse a la economía, a las notas de teléfono, a la declaración de renta, a Endesa y a la compañía de agua.

El entorno asistía consternado a esta tempestad, opinando a favor y en contra. Los meses pasaban y las contradicciones aumentaban. Carlos alternaba entre explicaciones, disculpas y negaciones. Asistía a la vez a los inicios de los expedientes de regulación de su empresa que se sucedían años tras años. Esperaba y temía encontrarse en la lista de los afectados. Trataba de ordenar las cuentas a la vez que escondía evidencias. Organizaba viajes de reconciliación con Charo. Algunos fueron prometedores de una posible reconciliación. Otros empeoraron la situación. Sobre todo, cuando Carlos aprovechaba el viaje para hacer una visita a un cliente o a un amigo socio de sus nuevos negocios.

Carlos nunca recordó cómo llegó al parking el día de su despido, ni cómo llegó a casa. No trajo el pan y no recuerda si pasó o no por la panadería. Posiblemente le dijo a Charo que estaba cerrada. Al cabo de unos pocos días, Charo lo invitó a cenar. Era la primera vez en veinte años que Charo le invitaba con su dinero. Antes de llegar el primer plato, le pidió el divorcio.

La parte oculta

La lectura de la historia por el consultor de carrera

La vida profesional es una parte importante de la identidad. No solamente por estatus, dinero o imagen. También porque ahí se puede expresar su creatividad, sentirse reconocido por el nivel de sus compañeros o verse retado por sus jefes.

Sea porque la empresa ha cambiado o sea por la incapacidad de Carlos de cumplir con reglas y responsabilidades, se ha visto apartado. Siempre había imaginado, y dado por supuesto, que acabaría siendo alguien importante. Al verse encasillado en puestos de tercer nivel, se va construyendo en paralelo un papel sustituto. Lo necesita. Reconstruye su imagen en otro lugar. Sus nuevos amigos le devuelven lo que la empresa le está quitando. Protegía a Charo y se encargaba de todo porque la empresa acreditaba sus competencias.

El cambio profesional mueve el sistema. El despido destapa lo que escondía la rutina, y rompe definitivamente un sistema de funcionamiento que se mantenía desde hacía tiempo en equilibrio.

Carlos no entiende el despido. Aceptar el cambio significaría aceptar que ha perdido definitivamente su identidad de ejecutivo, sus compañeros de trabajo, su coche, la ruta de cada día. Sería también aceptar con entusiasmo que mañana tendrá otra identidad, con otros compañeros, con otro tipo de clientes, otro coche.

Esto no es posible. Los hombres no funcionan como máquinas. No basta que te digan que tienes que cambiar de camino para que sepas a dónde ir. A veces, no entender, o «resistirse al cambio», es una muestra de inteligencia, puesto que permite asumir suavemente la realidad.

A diferencia de mucha gente, Carlos anticipaba este posible cambio. Percibía este escenario como algo factible. Otras personas tardarían más tiempo para acabar de entender. Carlos entiende poco de lo que pasa, pero algo. De hecho, empieza a entender cuando él mismo lo dice en voz alta.

El pacto con Charo era claro y conciso: se basaba en la confianza con la cual ella había desvelado su vulnerabilidad una noche de tormenta. A partir de ahí, decidió no preocuparse de cómo su marido gestionaba el patrimonio familiar o las cuentas corrientes. Probablemente imaginaba que Carlos seguía reglas discutibles. Incluso que estas reglas podían perjudicarla. Pero no le gustaba preocuparse de ello y sabía que eso formaba parte del funcionamiento de la familia.

El sistema se rompe con el cambio de identidad, las nuevas amistades de Carlos, su aventura y una nueva mirada de Charo sobre los porqués del funcionamiento. La ruptura del sistema es una traición que Charo vive como un ultraje.

Esta ruptura del sistema se produjo hace ya varios años. Se mantuvo camuflada con el día a día del trabajo de Carlos. La rutina hace de parche. La rutina mantiene los demonios escondidos entre el entrelazado complejo del sistema de vida. Al romperse el sistema, la tela de araña se rompe. El despido rompe el frágil equilibrio.

La lectura de la historia con la mirada terapéutica de un psicólogo de pareja

El encuentro y enamoramiento de Charo y Carlos se construyeron alrededor del rol protector y «dominante» de Carlos una noche de tormenta en el cual la fuerte Charo se rindió a sus miedos.

A partir de entonces, Carlos tuvo el rol «iniciador» y Charo el rol «complementario», en un modelo colusivo de «poder». Ambos encuentran con ello un «remedio» a sus necesidades fundamentales comunes y compartidas. Carlos ejerce su papel dominante ante Charo que parece aceptarlo:

Charo lo acepta, a condición de que se mantenga el rol pactado desde el inicio. Ha dejado de tener voluntad propia. En cambio, pide no preocuparse por nada. Quiere mantener su rol de «*calamity*» y, a la vez despreocuparse de la tormenta, de los impuestos y de la economía.

Aparentemente, no muestra ninguna resistencia al absolutismo del sistema.

Carlos quiere ser obedecido en todo. Quiere que ella siga pensando como él quiere que piense. Carlos es fuerte, Carlos es seguro, Carlos tiene la mano y decide, sobre todo.

Es posible que el trabajo de Charo en la correduría le haya dado un espacio de tranquilidad, un espacio donde cambió de rol. Quizás en la correduría, ella «pasaba del otro lado»: dominaba, mandaba, decidía. Al perder este espacio de tranquilidad, el sistema se hizo aún más rígido.

El poder de Carlos se ha fragilizado con su pérdida de estatus profesional. Al recomendar a Charo quedarse en casa, Carlos buscó la manera de conservar la mano y el control. Buscó otros territorios por conquistar, en otros negocios. La traición amorosa de Carlos es anecdótica. Quizás le haya permitido recuperar en otro lugar su rol de dominante.

Con la pérdida de su empleo, Carlos pierde la poca legitimidad que le quedaba de su poder dominante.

En el sistema colusivo de «poder», siempre existe la duda de saber si la «rendición» del otro es real y completa. En realidad, es un rol que permite manipular al otro, o conservar su espacio de «tranquilidad» como una amenaza en la sombra.

No es el despido lo que rompe aquí la pareja. Tampoco el engaño. La pareja ya está rota porque en este sistema familiar no existe ninguna flexibilidad.

Para funcionar, el sistema hubiese requerido amoldar los roles más suavemente. Roles más «flojos», menos pronunciados. Él hubiese podido ser menos dominante a la vez que ella menos dominada. Este aflojamiento habría sido necesario iniciarlo hace mucho tiempo. Quizá cuando todavía jugaban a las cartas durante las tardes de los domingos de lluvia.

Consejo · *Comparte los pequeños temporales de tu vida profesional para ir adaptando el rumbo de la pareja.*

Capítulo 2 · El desayuno

> Intentar tranquilizar al otro
> es correr el riesgo de preocuparle

La historia

Es sábado. Los sábados son alegres. Abren la puerta a dos días de olvido.

Carolina ya se ha levantado. Pierre abre los ojos, atento a los ruidos de la casa. Escucha el ronroneo de la lavadora que le recuerda al motor de su barca en verano. Se gira para concentrarse en los rayos del sol entre las cortinas y en su nueva posición en la almohada. Disfruta del momento, descubriendo que finalmente ha conseguido dormir y que hoy es sábado. Los demonios de la noche se han ido. Piensa en las próximas vacaciones. Huele a café y a pan tostado.

¿Por qué los demonios de la noche desaparecen con la luz del día? Por la mañana, todo parece sencillo. Desaparecen los ruidos sombríos del lado oscuro. Entre el ronroneo de la lavadora y el perfume del pan tostado, surge de nuevo el recuerdo de todos los *mails* que debería enviar. A las cuatro de la mañana, decenas de personas volaban alrededor de su cama, a punto de enterarse por otros, o de no enterarse nunca. Se imaginó entrando en el olvido y en el agujero negro de la indiferencia.

Se cuestionó sobre la llamada, el *mail* o el *Whatsapp* ¿Qué decir?

> Tras seis intensos años de dedicación plena a un proyecto apasionante, al que me dediqué con cuerpo y alma, donde llegaba cada día a horas indescriptibles a mi casa, donde...

A pesar de dar vueltas, estirar y echar la manta, agarrar y soltar el colchón, el texto del *mail* le siguió impidiendo caer en los brazos de Morfeo.

Cuando de pronto reapareció su pérdida de papeles ante el director industrial, tuvo que levantarse. La sensación de ridículo, la vergüenza de la pérdida de control, tuvieron un efecto anfetamínico. Esta pérdida de imagen se entrelazaba con la conversación sin sentido de ayer por la tarde con Bertrán, en ese encuentro fortuito a media tarde con su vecino y amigo. Recordaba su explicación desordenada de los acontecimientos, donde matizaba lo inmatizable. La mezcla de ambas situaciones le produjo una sensación de descarga eléctrica. Un real calentamiento físico en la punta de sus pies, debajo de la sábana. Ante el mareo que le causó la vuelta del olor dulzón de la fábrica, tomó la decisión de huir de la cama hacia la televisión. La luz de la pantalla ahuyenta a los demonios.

Efectivamente, una vez acostado en el sofá, los demonios rebajaron la intensidad de sus ataques. Por suerte, los recuerdos de la noche suelen desaparecer en el olvido agradecido del inconsciente. Imposible acordarse ahora de los programas zapeados durante más de dos horas. Solo recuerda la imagen de una casa con un jardín que surgió para recordarle que tenían que decidir si comprar o no «la casa». Tenían que contestar la semana que viene. No había querido pensar en ello, pero este nuevo demonio atacó con una aguja especialmente afilada. ¿Puñeta, que hacemos con lo de la casa? Después de haber sacrificado seis años para nada, ¿tengo que renunciar a la casa?

Recuerda que se fue a la cocina donde vació una estantería de la nevera. Entre restos de canelones y de pastel, surgió de nuevo la sensación de haber sido manipulado, de tener razón, de ser un pésimo político y de no ser capaz de adoptar los comportamientos correctos. Porque, además, el modelo industrial era perfecto. Lo iban a dejar perder. Un proceso que hubiese permitido cambiar los modelos de trabajo de los equipos. Los equipos lo querían y no habían dicho nada. ¿Por qué? ¿Por otra cosa?

Volvió a la cama con la barriga llena. Probablemente, se durmió.

Hoy es sábado. Pronto llegara el verano. Respira hondo y decide volver al café y al pan tostado. Hay que disfrutar de la familia y del día. Debería ayudar a Carolina a tender la ropa y quizás plantearle hacer una excursión para disfrutar de la luz y de la transparencia del aire del fin de la primavera. Esta noche tienen una cena. Tienen que comprar carne para la barbacoa. Las ideas se contradicen y chocan de nuevo en su cabeza. Se pregunta si hablar de su despido con la peña. ¿Quién estará?

Oye los ruidos de la cocina, con los niños desayunando. Decide levantarse e ir a desayunar.

La cocina es pequeña y acogedora. Una ventana da sobre los árboles de la calle y alumbra la mesa pequeña con sus cuatro taburetes. Podrían desayunar en el salón donde la mesa es grande y las sillas confortables. Es un tema del cual se habla a menudo, pero el salón es para los invitados y para las cenas con los suegros, el cuñado y la hermana de Carolina.

En realidad, el lugar de confianza es la cocina. Con su desorden cómplice, donde se puede comer en pijama con los pelos enredados y los ojos legañosos. Uno se levanta, abre un armario, lo cierra, abre otro y refunfuña porque no quedan galletas, mientras que otro recoge los platos. La mesa del desayuno es pequeña pero confortable, la luz, los ingredientes y el protocolo del fin de semana hacen de la cocina y del desayuno un solo lugar.

Poner la mesa es un baile con la nevera y con el armario de mermeladas. Todo es apetecible, sea por necesidad, capricho, rituales o imaginación. Las tazas están pintadas con florecitas o cuadritos, las hay finas y las hay gruesas, mezcladas con *mugs* de todos los colores. Son recuerdos de un viaje o quizá de una abuela. Las mermeladas son de fresa y de melocotón, porque la infancia española ha dibujado la mermelada de melocotón y la infancia francesa la de fresa. La miel viene de las colmenas de los padres de Pierre. Todo es sabroso, la fruta que convive con el manchego, el aceite de oliva con los cereales los yogures con el azúcar y la pimienta con la albahaca. En el desayuno, puedes empezar con el dulce y acabar con lo salado. Es un *self-service* cálido, donde la anarquía al iniciar el día se percibe como una reivindicación libertaria del fin de semana. El sol se refleja sobre las cacerolas de la pared. A través de la ventana abierta, se oye el movimiento de las hojas entre la brisa y la luz.

Cuando Pierre entra en la cocina, solo queda una realidad: hoy es sábado.

La primera parte de la conversación

Carolina riñe al niño que está en el suelo. Lo vuelve a sentar en el taburete. Levanta la cabeza al ver a Pierre entrando en la cocina.

Capítulo 2 · El desayuno

—¿Qué tal has dormido?
—Bien. Muy bien. ¿Y vosotros? Qué bien huele…
Carolina mira a su marido remover los armarios.
—¿Te has levantado esta noche?
Pierre mantiene su atención en los botes de mermelada. Con voz distraída contesta:
—¿Si me he levantado? Ah sí. Es verdad. Me desperté… no sé. Debían ser la cuatro. Estuve mirando la tele un rato. Al final he vuelto a dormir…
—Hoy cenamos con la peña, ¿no? ¿Al final es barbacoa?
Los niños siguen charlando. Carolina unta una tostada con mantequilla. La caja de cereales de chocolate cae al suelo. Pierre coge la escoba.
—Sí. Es barbacoa —contesta Carolina—. He comprado carne. Tenemos que llamarnos para acabar de coordinarnos.
—¿Quién estará?
—Me lo estaba preguntando.
Pierre abre la nevera, como si pudiera existir alguna fantasía que no estuviera en la mesa de la cocina. Algún resto de la noche. Carolina lo mira con una mezcla de impaciencia y de tolerancia. Pierre cierra una puerta, abre la otra y finalmente vuelve a mirar con atención la oferta de la mesa, dejándose llevar por su imaginación apetitosa. Elige el manchego, con café y manzana.
Los niños se levantan, recogen sus tazas y las ponen en el fregadero. Pierre y Carolina se sientan a la mesa. El viento remueve las cortinas y las cacerolas de la pared tintinean. Ahora están solos y Carolina se sirve una taza de té mirando los niños desaparecer de la cocina y comprobando que se han alejado. Una nube reduce la luz.
—Oye, ¿has pensado en decirles algo? Bueno, esta cena es un buen momento. O a lo mejor, hablar con alguno antes…
Pierre mira la manzana. Muerde.

—Sí claro. Algo comenté a Bertrán. Bueno, tampoco se trata de monopolizar la cena.

—¿Qué le has dicho?

Carolina imprime el tono que suele utilizar cuando va en serio.

—Pues no sé... que voy a tener que buscar trabajo. Bueno, que estoy buscando trabajo. Que he salido de la empresa. Bueno, no sé... estuvimos hablando un rato.

Agrega azúcar al café. Corta un trozo de queso. Lo moja en el café. Añade:

—Ayer hablé con la empresa. Con Adriana. Bueno, me contó cotilleos de la reunión de departamento. Es alucinante. La gente es increíble...

Carolina le corta la palabra, deseando evitar volver a hablar de la empresa. Quiere hablar de la conversación con los amigos y de la manera de abordar la situación actual con su entorno.

—Pensaba que dirías que estás negociando... no sé. Esto de la reestructuración...

Pierre reacciona. Levanta la cabeza y contesta con cierta brusquedad:

—¿La reestructuración? No ha sido un despido por reestructuración. Sabemos que es por otras cosas... Bueno, no te preocupes. Ya pensaré algo.

Su tono se ha vuelto a suavizar o quizás a alejarse, dejando entender que la conversación ha terminado.

Pero Carolina insiste:

—Creo que es mejor no improvisar. No sé. Si ya has dicho algo a Bertrán... Estas cosas hay que pensarlas antes.

Pierre coge un tono algo despreocupado, tratando de volver a cerrar el debate y haciendo notar un cierto aburrimiento.

—Son nuestros amigos. Ya saben que llevo tiempo con follones en la empresa. Hablaremos esta noche, me lo pensaré. No nos vamos a amargar el día con esto.

Capítulo 2 · El desayuno

Sonríe de nuevo y coge un tono alegre para añadir:
—Oye, hace un día espléndido. Podríamos hacer una excursión...
La postura de Carolina demuestra que no piensa abandonar el tema.
—Sabes cómo es Montse. No entiende nada del mundo de la empresa. Es funcionaria y esto de que te despidan no entra en sus esquemas. Le va a parecer una barbaridad.
Trata de ilustrar su argumento con más detalles:
—Te van a preguntar el por qué. No llevabas mucho tiempo en esta empresa.
—No creo que pregunten mucho...
Pierre trata de concentrarse en su desayuno.
Carolina se pone tozuda y decide poner de relieve su legitimidad sobre el tema.
—Todo el mundo pregunta... es importante. Los consultores que hacen selección siempre preguntan el «porqué». Aparte, hablar con Joan podría ser una buena idea. Conoce mucha gente.
Pierre se levanta. Recoge las tazas de los niños que están mirando la tele. Abre el lavaplatos. Está lleno. Saca los platos calientes.
Insistiendo de nuevo, Carolina lo para.
—Déjalo. Acabaremos de recoger luego. Creo que tenemos que hablar. Ayer me encontré con María y estuve pensando en comentárselo. Pero no me pareció el momento adecuado... no sé. Si vamos a cenar esta noche con ellos...
Pierre recuerda las batallas de la noche. Contesta finalmente a Carolina, suspirando y con la voz rendida.
—Ya. Todavía no he enviado ningún mensaje a la gente de la empresa. Adriana me comentó que en la reunión de Amsterdam algunos preguntaron por mí. Nadie contestó. Claro, estaba allí el boboncio de Eric... Tengo que hablar con ella. He empezado a escribir un mail de despedida. Quiero pedirle su opinión. No sé

muy bien por dónde empezar. Seguro que Adriana me echará un cable...

La nube se aparta del cielo y el sol vuelve a invadir la cocina. Carolina mira a Pierre servirse otro café, sabiendo que los dos están pensando en lo mismo y que nadie habla de la casa que visitaron el mes pasado.

Era bastante más cara de lo que tenían previsto, pero era «la casa». No sabe cómo abordar el tema y le molesta no conseguir hablar de ello. Percibe como la barbacoa, el mail de despedida, María, la reunión de Amsterdam y ella misma van girando alrededor de su pena disfrazada de enfado.

Recuerda las imágenes de su imaginación y la realidad del inmenso rosal en la entrada del jardín. Un jardín de verdad, con un *cedrus atlanticus* y espacios para plantar flores. Carolina tiene «mano verde».

Pierre sonrió al entrar en el jardín. Carolina recuerda que se sorprendió cuando Pierre le cogió la mano.

—Esta sí que te gusta ¿verdad? Si te instalas aquí, vivirás en el jardín. No quedará espacio para nada. Todo serán flores... le dijo.

Carolina recuerda su visión de colores en ese pequeño espacio verde. Imaginó la pala, el abono, las semillas. Se agachó y sacó algunas malas hierbas, calculando mentalmente los espacios, mientras Pierre hablaba con el vendedor de la caldera y de la instalación eléctrica. Recuerda que mientras él estudiaba la casa, la cocina, el aislamiento de las ventanas, ella seguía en el jardín, imaginando azaleas, begonias y alegrías ahí, a la derecha. Imaginaba a su hermana, a su cuñado y a los sobrinos cenando allí por la noche, bajo el olor a jazmín. Esta casa no era tan elegante como el piso donde su hermana vive en Estambul, con servicio doméstico y todo. Pero tenía un jardín. Era una casa preciosa.

—¡Ven a ver la cocina! ¡Parece una plaza de toros!

Recuerda como Pierre se acercó a ella para susurrarle la marca de la caldera. Notó como reprimía sus ganas de hablar de otras particularidades técnicas de la casa, para no demostrar demasiado entusiasmo delante el vendedor. Los electrodomésticos eran de primera calidad. Sería una negociación difícil pero la casa valía la pena.

La segunda parte de la conversación

Carolina razona. Será mejor aplazar esta idea de cambiar de casa. Deben conservar la indemnización por si acaso.

Pierre sigue hablando de los cotilleos de la empresa. La tostadora saca humo y el olor invade el pequeño espacio. Carolina pega un salto y aprieta el botón rojo. Las tostadas saltan por el aire y Carolina vuelve a la realidad. El perfume del pan quemado asalta las cortinas y Carolina despierta de sus sueños para volver al redactado del mail de salida.

—¿Tú crees que Adriana te puede ayudar? A ver si la pones en un compromiso...

—No veo por qué, contesta Pierre. Ella conoce la casa.

La palabra «casa» resuena en la cocina. Se adivina un silencio, casi imperceptible. Pierre se siente obligado a añadir:

—Me refiero a la empresa...

El silencio se solidifica e inmoviliza la cocina. Como si de repente se mezclase el pan con la fábrica, la brisa con el rosal y los taburetes de la cocina con una caldera Saunier Duval y el olor a jazmín.

Pierre rompe el silencio con un tono grave. Habla con lentitud:

—No hemos hablado de la casa.

Ahora es ella que remueve la cuchara en la taza. Pierre sigue:

—Tenemos que contestar la semana que viene. Llamaré lo antes posible, antes de que el banco se entere, a ver si luego tenemos problemas con el crédito.

—¿Cómo? —Carolina no sabe si está sorprendida o chocada.

—Sí, claro. Cuanto antes, mejor.

Pierre mira a Carolina y añade:

—Además de fastidiarnos, ¿estos capullos nos van a quitar la casa?

—Daba por supuesto que este tema estaba cerrado, contesta ella con aparente asertividad.

—¿Cerrado?

—Sí, cerrado.

Carolina se levanta y se acerca al fregadero, recogiendo cucharas y papeles. Con voz firme vuelve a afirmar:

—No podemos comprar la casa. No tienes trabajo. Esa casa es muy cara y tenemos que ahorrar. Tenemos que explicar a la gente que no tienes trabajo y que no vamos a comprar la casa.

Suelta las cucharas que chocan en el fondo del lavadero, respira hondo y añade:

—Mira Pierre, me da la sensación de que estás como... Bueno, no sé si estás muy confiado o si no quieres ver lo que pasa...

De nuevo, recurre a su legitimidad profesional para añadir:

—Yo trabajo en una consultoría de recursos humanos. Sé lo que cuesta encontrar trabajo.

Su voz baja y continua:

—Haces como si no hubiese pasado nada... Yo creo que los problemas deben enfrentarse de cara. No huir de ellos. Yo no huyo de las cosas. Cuando veo un problema, prefiero enfrentarme directamente a él, para no tener que encontrármelo mañana. Los *headhunters* no te van a caer encima... no pareces darte cuenta.

Capítulo 2 · El desayuno

La preocupación aparece debajo de su asertividad. Carolina añade:

—La primera vez tuvimos suerte... O no... No sé. Decidiste tú ir a esta fábrica. No lo entiendo. No pareces preocupado.

Pierre reprime un sobresalto. Recuerda su noche, el insomnio y los demonios. Contesta dejando aparecer su poco control:

—Jolín, sí que estoy preocupado... acabo de decirte que no he dormido en toda la noche. Tengo muchos problemas e intento enfrentarme a cada uno. Ayer hablé con Adriana. Hasta que no me hayan pagado la indemnización, estaré pendiente de alguna mala jugada. Pero sé que la van a pagar. Quizás sea una oportunidad.

Sonríe. Trata de volver al bienestar de una mañana soleada, donde se debe confiar en el futuro. Con una punta de sentido del humor añade:

—No tendremos que pedir un crédito tan grande al banco. Ya verás que al final, nos habrán hecho un favor. Son ellos los que lo van a pasar mal. Ya veremos cómo se apañan con el cambio de volumen y con su plan industrial...

Carolina mira de nuevo a Pierre con una mezcla de impaciencia y menos tolerancia. Se adivina una discusión, entre luces y sobras de la cocina. Vuelve a recordarle que sigue hablando del plan industrial y que ella habla de buscar trabajo:

—No podemos comprometernos a pagar una casa. Hablamos de esta noche y te escaqueas. Resulta que has hablado con Bertrán. Yo no sé qué decir a unos y otros. Sin hablar de mis padres. Y de los tuyos. Quiero saber lo que tengo que decir. Lo que vamos a decir.

Pierre se levanta. Empieza a recoger la mesa. Otra vez, cierra y abre los armarios. Aprovecha para poner orden en las estanterías. Coloca mermeladas, miel, cereales. Carolina sigue sentada. Tras limpiar su taza,

Pierre se sirve una gran taza de té. Se sienta frente a Carolina y finalmente le pregunta:

—¿Qué crees que deberíamos decir esta noche?

Se nota un ligero aumento de su acento francés. Mira a Carolina a los ojos. Ambos saben que están justo en el momento en el cual no se sabe si es broma o calentamiento. Carolina asume el riesgo de la claridad. Forma parte de su imagen de asertiva y luminosa. De su clarividencia ante la realidad.

Pierre remueve la cuchara mirando el líquido dar vueltas en el tazón. Al final añade que no le apetecía hablar de esto ahora. Que quería disfrutar del día. Pero que ella es quien insiste...

Algunos demonios de la noche rozan su cabeza. Percibe que Carolina está decidida. Deja que ella le devuelva la pelota. No tarda.

La cena es esta noche.

Pierre parece haber tomado una decisión. Baja la guardia y finalmente dice:

—Hoy es sábado. No tenía ganas de pensar en todo ello... pero la verdad... me siento fatal con lo de la casa. Me da mucha rabia...

Los demonios chocan entre unos y otros, desordenadamente. Pierre continúa:

—Tengo la sensación de que tengo que correr. Negociar ya con el banco. Al menos, solucionar esto. Cuando salí del grupo Petipo hace 6 años, me puse a buscar trabajo como un desenfrenado... ahora...

Los temas tropiezan entre sus neuronas. Nota presión entre sus sienes y añade:

—Recuerdo nuestra visita a la casa. Fue genial. Pienso en ello y de repente recibo mensajes de la planta. Me llaman, me cuentan que todo el mundo está fatal. Pienso en escribir al Director de Operaciones. Estoy hecho un lío. Pero jolín, la casa.... no sabes qué noche he pasado...

Carolina parece no oírlo. Se lanza en un discurso para volver a la cena de la noche:

—Me preocupa la gente. La gente opina, y, no sé... en realidad, me da igual lo que piense Montse. Pero si explicamos algo a uno, mejor explicar lo mismo al otro. No me dijiste que habías hablado con Bertrán. ¿Qué pasa si yo me encuentro a María?

Su lado racional surge de nuevo cuando finalmente aborda el tema de la casa:

—Bueno, no me preocupa que no encuentres trabajo. Sé que tarde o temprano lo vas a encontrar. Pero puede ser largo y no quiero angustiarme por el pago de la casa.

—¿Estás segura de que encontraré trabajo?

Esta es la pregunta de fondo, porque detrás de ella, aparecen todas las interrogaciones de sus historias, de su romance, de lo que ella opina de él, de su carrera, de su éxito, de sus deseos confesados y no confesados y del futuro de la familia. Una historia que amontona dudas y esperanzas. Esta pregunta está en medio de la cocina como un elefante invisible en medio de la mesa del desayuno. El elefante es la suma de las preguntas no dichas: si crees que encontraré trabajo, si confías en mí, si me quieres y si me seguirás queriendo. Cada uno, a su manera, evita focalizarse sobre el elefante oculto, escondido debajo de la superficie, pero más grande que una catedral.

El romance de Pierre y Carolina empezó en un hotel de Francia cuando tenían 26 años. El hotel, o más bien el «hotel-château», tenía un parque grande, verde, con árboles anchos y caminos para ir en bicicleta. Los cursos de *management* de los franceses suponen siempre una mezcla de chic y de *laissez-faire* propicio a encuentros entre alumnos, especialmente en los cursos donde la aristocracia de las escuelas de negocio viene a sustituir a la aristocracia del antiguo régimen.

Ella trabajaba para una consultoría francesa. Él para una multinacional americana.

El castillo renovado proporcionaba espacios de intercambio, paseos y comidas debajo de árboles donde la humedad fomenta el apetito. Carolina y Pierre tienen apetito y los dos son deportistas. El carácter directo de Carolina sedujo a Pierre, así como su ligero acento español, a pesar de sus años de estudios en el liceo francés de Barcelona. Rubia, deportiva, sólida. Se sorprendió de su rapidez en los cálculos, de su capacidad de emitir opiniones sobre procesos, maquinaria, organizaciones, *lean manufacturing*, rentabilidad. Contestaba sin tapujos a cualquier caso sugerido por el profe.

Se formó un grupo de amigos entre varios alumnos que compartieron un par de sesiones de *jogging* en grupo a primera hora de la mañana en el fondo del parque.

Fueron a cenar. Al principio entre varios. Luego solos.

La familia de Pierre no vive lejos del castillo-hotel. Pierre conoce la zona, su historia, sus fábricas y su desarrollo industrial. Estos cursos son un sueño donde se juntan la buena comida, jóvenes brillantes y profesores de prestigio. Pierre vivía en Francia, Carolina en España. Empiezan los vaivenes entre norte y sur.

Después de fines de semana y vacaciones entre París y Barcelona, Pierre consiguió acelerar su traslado profesional a la planta de Valencia. Al cabo de un año vivía en Barcelona.

Casi a los dos años de su encuentro se casaban en una iglesia del Maresme, entre sombreros franceses y burbujas de cava catalán. Los padres de Carolina fueron los huéspedes del encuentro franco-español, ayudados por la hermana de Carolina, casada con un diplomático y, por lo tanto, predispuesta a todo lo necesario en términos de acogida y hospitalidad. Todos los amigos del *jogging* en el parque del castillo francés acudieron a la boda para disfrutar del pan con tomate bajo el cielo de color azul del Mediterráneo.

Pierre se integró espontáneamente en la vida soleada del Mediterráneo. Era ingeniero. Aprendió el funcionamiento de los motores de cuatro tiempos de las barcas menorquinas, la pesca al alba y el submarinismo, con y sin botellas.

Tras su primera etapa como técnico en una gran empresa, accedió a un gran proyecto internacional y transversal, en la que los viajes y las ausencia prolongadas implicaron grandes sacrificios familiares. El equipo al cual pertenecía formaba una peña increíble: compartían sus visiones de mejora de procesos, de transparencia entre países, de competitividad colaborativa... Compartían también sorpresas y alegrías ante las noticias que cada uno recibía de partos o acontecimientos familiares lejanos. Durante la implantación del SAP, Pierre tuvo dos hijos. Brindó con sus compañeros del equipo transversal, todos prometidos en grandes planes de carrera.

El proyecto se fue al agua. Prácticamente todo el equipo fue despedido con condiciones inmejorables. Una ruptura dolorosa y un *cash down*, como se suele llamar las buenas indemnizaciones.

Tardó algunos meses en encontrar trabajo, hasta que tuvo que elegir entre dos ofertas. Según sus amigos, era lo mejor que le podía pasar: tener la oportunidad de elegir. Pierre descubrió que para el que busca trabajo, elegir es la peor pesadilla. ¿Cómo no equivocarse ante un camino sin retorno? Una de las ofertas era de una empresa local, la otra suponía trasladarse al extranjero. Carolina estaba eufórica. Soñaba con vivir en otro país, relacionarse con representantes de varios países, expatriados, diplomáticos, directivos de ONGs y, sobre todo soñaba en dar la oportunidad a sus hijos de conocer nuevas culturas y beneficiarse de otra educación. Todo lo que le contaba su hermana.

Para Carolina, incluso, era la oportunidad de salir de la consultoría donde llevaba trabajando casi veinte años y donde había abandonado la idea de ser socia, por ser mujer.

Pierre eligió el proyecto local. El proyecto le gustó por la autonomía que suponía en términos de trasformación industrial. Le permitía ser finalmente director industrial y dirigir la fábrica que podría construir a su imagen y sueño, pudiendo seguir disfrutando de la barca los fines de semana.

A sus 42 años, era un sólido director industrial acostumbrado a lidiar con sindicatos, conocedor de Six Sigma, con experiencia en grupos de calidad total y en modelos de organizaciones compartidas. Apasionado por las novedades del mundo *online* fue, hasta hace poco, un alto potencial.

Pero, la espontaneidad, con el tiempo, se transforma en falta de mano izquierda. Seis años después, volvía a vivir un nuevo despido.

La tercera parte de la conversación

Suena el teléfono para la organización de la barbacoa. Montse o Paco.

Pierre habla por teléfono mirando a Carolina, a las cacerolas y a los árboles. Parece haber recuperado su buen humor ante los comentarios de su interlocutor.

Sonríe finalmente a Carolina que le oye decir:

—Ok. Me parece genial. Vestimos a los niños y te los dejamos en tu casa. Los recuperaremos esta noche.

Capítulo 2 · El desayuno

Aprovecharé para llevar a Carolina a comer por ahí. Tenemos conversaciones familiares importantes encima de la mesa. Nos viene genial la propuesta. Estar sin los hijos una cuantas horas es justo lo que necesitábamos. Traeremos las costillas. Nos vemos esta noche.

Cuelga el teléfono. Se vuelve a sentar. Coge la mano de Carolina. Casi igual que delante de la casa con el jardín.

—Cogemos el coche y nos vamos por ahí. Montse se lleva a los niños de excursión. Coges una hoja Excel y pones todos los puntos que quieres que hablemos. Tenemos el día para esto.

—¿A ver, tú no necesitas una hoja Excel? ¿Sólo la necesito yo?

—*Ok*. Cada uno hace su hoja Excel. Cada uno apunta los mensajes que cree conveniente y los mensajes que cree que el otro cree conveniente, y...

—¿No crees que deberíamos también utilizar una columna para un mini DAFO? ¿Cruzando incluso con lo que pensamos de cada una de las personas implicadas?...

—Me parece que si te escucho nunca iremos a dejar a los niños.

Pierre se ha relajado. De repente, ve claro lo que harán en las próximas horas y recupera una cierta previsión de futuro:

—Tenemos una hora para hacer cada uno nuestra hoja Excel. La compartiremos delante de un Ribera del Duero. Barato, porque tenemos que ahorrar. Me encargo de vestir a los niños.

La cocina se ha quedado vacía. Limpia y recogida. El elefante ha desaparecido y el lavaplatos esta silencioso. El sol aprovecha para dar un último barrido a las paredes, a las cacerolas, a la mesita y a los taburetes.

Las cacerolas se trasladarán. A otra casa, más grande, con un *cedrus atlánticus*, para una nueva etapa de la vida donde habrá flores, que se verán desde la cocina.

La parte oculta

La lectura de la historia por el consultor de carrera

Para Pierre, la pérdida de su trabajo no es únicamente la pérdida de un medio de vida, estatus o reconocimiento social. Lo que le duele es la pérdida de una batalla. El jefe que le acaba de despedir representa todo lo que intentaba abolir de un sistema arcaico.

Carolina vive otra cosa. El trabajo es el trabajo. No es un lugar de guerra ni de militancia. Alguien debe responsabilizarse del día a día y mantener los pies en la realidad. Es su rol, ahora, ayer, y seguramente mañana. Ayer, supo desistir ser socia y aceptar priorizar a su familia. Tras el primer despido de su marido, supo abandonar el sueño de la expatriación. Hoy está dispuesta a negociar la cena y mañana a renunciar a su futura casa.

Cada uno vive lo suyo. Las roturas profesionales hacen resurgir cosas del pasado. Ambos pierden proyectos y esperanzas del futuro. No hay mala voluntad de su parte, viven cosas diferentes. Cada uno cree estar haciendo todo lo que puede para el otro.

Él no quiere abrumarla con sus preocupaciones. Ella quiere ceñirse a la realidad. Una buena mezcla que les permitirá construir juntos mensajes claros, diseñando cada uno una hoja Excel donde diferenciaran personas y riesgos.

El momento difícil supone llegar a lo sencillo: preguntar al otro. La buena voluntad de ambos y la ayuda de un tercero les libera de sus obligaciones familiares para dejarlos solos. Para llegar a ello, existe una palanca: lo que queremos juntos y lo que sueña el otro.

Lo que se vive es complejo. Lo que se puede hacer es sencillo. Construir los mensajes juntos es iniciar el camino. Seguro que hay diferencias, pero seguro también que hay deseos comunes, como por ejemplo comprar una casa, con rosales y flores que plantarán juntos, construir juntos los mensajes y con ello ponerse de acuerdo sobre la explicación del «porqué». Todos los métodos son buenos para llegar a ello. Hablar de lo que quiere decir el otro, hablar de lo que cada uno quiere decir, hacer un DAFO, un CANVAS, o un plan de comunicación.

Pierre y Carolina son expertos en estrategias de organización y por lo tanto pueden utilizar métodos sofisticados y estructurados. Otros utilizarán el sentido común. Cualquiera que sea la receta, habrá que conseguir mirarla del mismo lado. Partir de la verdad es más sencillo. Repasar los hechos permite alejarse de una mirada personal, organizacional, o económica. La clave de la comunicación es a menudo el futuro.

Una receta para diseñar los mensajes podría ser listar los hechos y buscar todas las miradas posibles. Se puede elegir el mensaje más cómodo para ambos. Sin olvidar nunca el proyecto de Pierre: la búsqueda de una organización industrial diferente.

Otro ingrediente de la receta podría ser averiguar, por escrito, lo que preocupa al otro. Es un añadido a la receta. Buscar juntos las razones del cambio es una manera de empezar un nuevo camino juntos, simplificando la realidad y dando un sentido al futuro.

La lectura de la historia con la mirada terapéutica de un psicólogo de pareja

El encuentro y enamoramiento de Pierre y Carolina se produjo en un entorno que les permitió reafirmar su propia imagen a través de la imagen del otro. Ambos se devolvieron una imagen narcisista fuerte, rodeados de ejecutivos de primer nivel, en una formación reservada a profesionales de alto potencial y en un lugar excepcional.

La imagen «brillante» de uno reafirmó la imagen del otro. Cada uno es la imagen de mi «yo» ideal.

Pierre asume el rol iniciador. Pierre necesita autovalorizarse a través de su capacidad de dar a Carolina la imagen que ella persigue de sí misma. Carolina asume el rol pasivo de ser valorizada por la capacidad de Pierre de darle su imagen. Por ejemplo, la casa ideal.

La imagen de Pierre es la imagen de toda la familia. Al degradarse la imagen de Pierre, el conjunto de la familia corre el riesgo de perder su propia imagen.

Ambos se preocupan de la comunicación a los demás. Para que el sistema siga funcionando, Pierre necesita sustituir la pérdida de empleo por la imagen de Carolina en «la casa». Esta imagen le devolverá a él una parte de su imagen perdida. Correr el riesgo de comprar la casa no deja de ser una solución. Mantiene el sistema, aunque demuestre, quizás incremente, la rigidez del sistema.

Juntos, deciden finalmente construir la comunicación ante sus amigos. Quizás esta construcción de la comunicación les permita «meta-comunicar» y temporalmente reconocer los riesgos del sistema en un momento difícil. Pero esto son coyunturas.

La realidad es que compraron la casa. Y cada uno encontró la valorización que necesitaba a través de la imagen que le devolvía el otro.

> **Consejo** *Para comunicar con nuestro entorno, construyamos juntos la comunicación.*

Capítulo 3 · La cena

> En situaciones de cambio,
> el tiempo es relativo.

La historia

Septiembre - La vuelta al cole

Mañana tienen previsto una cena con los amigos. Los amigos de siempre, con los que se comparte el coche para llevar los niños al cole o recogerlos a la discoteca, la decisión de compra de un *smartphone*, un poco de política y algo de trabajo. Está lloviendo como suele llover la víspera de la vuelta al cole. Núria compara este septiembre con otros septiembres. La inestabilidad del tiempo, las tormentas, truenos, ventoleras, el sol brillante y el retorno de las hijas al colegio. Ahora incluso a la universidad. A la vuelta de vacaciones, se añora el verano.

En esta época del año Núria solía retomar su traje y chaqueta, por fuera y por dentro. Tomaba resoluciones para la temporada, retomaba el mando de su casa, volvía a comprar yogures y zumo de naranja para el desayuno y queso en lonchas para los bocatas de la noche. Iba de compras con sus hijas, aprovechando las rebajas y proyectándose en camisas y zapatos nuevos. En todas las vueltas al cole, existe esta sensación del tiempo que se escapa y se alarga con el reinicio de la rutina. Una mezcla de nostalgia, pereza, resignación y esperanza. Nada de depresión posvacacional. Sencillamente el sentido de la vida y del tiempo.

Núria se detiene sobre la idea del tiempo. Aquí está la diferencia.

Antes existía un antes, un presente y un futuro. El curso empezaba con su marco predefinido. El tiempo no pasaba. Quizás solo en septiembre aparecía la sensación del tiempo. Luego desaparecía. Veinte años en la misma empresa sin ver pasar el tiempo. Es septiembre y han pasado ya dos meses. ¿O tres? Bueno, no llega a cuatro. Todo depende de si cuentas las vacaciones. En realidad, no ha pasado nada de tiempo. Si le preguntan cuánto tiempo lleva sin trabajo, sólo han pasado dos semanas. Las vacaciones no cuentan. Todo empieza ahora.

Antes, tuvo que gestionar la salida, preparar las vacaciones, disfrutar de un descanso merecido. Este tiempo no vale. En los septiembres normales, el pasado no existía y el futuro era previsible. Ahora sólo existe el pasado y esta mezcla de sensaciones raras ante el futuro y el tiempo que se ha escapado durante veinte años.

Ahora es el presente. Hay que preparar el futuro de los demás.

Preparar las habitaciones de sus hijas, iniciar el nuevo curso. Tendrá tiempo para dedicarse a la entrada de Carla a la universidad. Todos deben tener la sensación de que todo sigue igual. De hecho, tanto Álex como las chicas confían totalmente en ella. Lo cual reconforta. Bueno, en realidad no reconforta tanto... parece que no ven la realidad, al final pasa el tiempo. Cabe el riesgo que siga pasando, y... se pueden quedar sorprendidos. Incluso decepcionados.

Se siente obligada en mantenerse firme ante un entorno de confianza ciega, durante un tiempo largo que corre demasiado.

Núria abre la ventana y respira el olor del otoño. Mira la lluvia dejando sus ojos girar hacia el lado de la ciudad donde están las oficinas de su exempresa, donde sus colaboradores y equipos han vuelto de vacaciones, donde ahora se reúnen, discuten y deciden, donde seguramente el director de compras estará aprovechando la ausencia de Núria para hacer una de las suyas en los proyectos corporativos. Seguramente, ahora habrá nuevos proyectos. Nuevos tiempos. Sin ella.

Hay una sensación que los empleados de una empresa pierden por completo: la sensación del tiempo. Durante las vacaciones, no se puede decir cuál es la sensación del tiempo. No se sabe si las vacaciones son largas o cortas. Están llenas de acontecimientos efímeros, conversaciones, paisajes, encuentros, discusiones, sonrisas y músicas. Cada uno de ellos pasa tan rápido que no deja sensación de duración. A la vez, la suma de todo ello engendra una sensación de un tiempo inmenso que abarca toda la felicidad del mundo. Durante veinte años en la empresa ocurre lo contrario. Aparecen intervalos de tiempo separados, largos o gloriosos, con una uniformidad en el paso de los meses y de los años que encoje el tiempo y lo contrae. Una sensación de brevedad y de inmensidad.

«Se me va la olla. Con un poco de suerte, mañana hará buen tiempo. Cenaremos fuera. La pregunta del momento es sencillamente ¿Qué prepararé para cenar?»

Respira la humedad y los perfumes de las plantas del balcón. Percibe el olor a menta mojada. Baja la mirada, abandona la lluvia y el paisaje de la ciudad y observa las hojas verdes, pequeñas y grandes con gotitas de agua. Se agacha. La menta desprende su aroma al sentir las manos de Nuria remover sus ramas. Recuerda que le queda sémola. Preparará un tabulé. Recuerda también que ha preparado «los mensajes de salida» con Álex. Ha decidido que los ensayará mañana con sus amigos de siempre. No le apetece mucho, pero hay que progresar y no dejar que pase el tiempo.

El día se ha despejado, hace calor. El tiempo ha cambiado. Los días son más cortos y se va a hacer tarde. El tabulé vendrá perfecto y el pantalón de lino también. Núria espera a Álex en el recibidor, mirándose en el espejo. Está morena, el pelo demasiado largo, algo quemado por el sol del verano. La chaqueta verde resalta el color de sus ojos y le da un aire cumbayá que le agrada. Se siente liberada, está cómoda en su pantalón de lino, su camiseta, sus zapatos y su pelo despeinado.

—¡Álex! ¿Por qué no vamos andando? Al fin y al cabo, Silvia y Oriol viven a cinco manzanas de aquí. Hace un tiempo ideal y podremos beber lo que queramos sin preocuparnos de volver en coche....

Álex sale del cuarto de baño con su eterna cara de felicidad. Mira a su mujer, sus ojos verdes y esa sonrisa de los días buenos.

—¡Jo, qué bien! ¿Qué pasa hoy? ¡Vamos a llegar tarde y no te preocupa...! ¿Te pasa algo?

Núria le sonríe.

—*Mindfullness*. Dicen que el tiempo es subjetivo... Que lo que importa es el momento. Ya sabes. De momento, me conviene hacer caso a este invento. Tenemos tiempo. Todo el tiempo del mundo. Vámonos andando.

—Wau..., esto promete. Así me gusta...

Abraza a Núria y añade:

Capítulo 3 · La cena

—¡Estás guapísima y eres la mejor! Vámonos andando. Al diablo la hora... y el tiempo.

La temperatura de la calle está anormalmente templada. No suele haber mucha gente andando a estas horas. Solo coches que llegan o se van a cenar. Núria no recuerda haber tenido muchos momentos como este en Barcelona, paseando por la calle, cerca de su casa, disfrutando de los árboles. La noche serena, sin prisas, charlando con Álex.

Un fleco de las vacaciones, o sencillamente otro compás.

Otra vez la percepción del ritmo y del tiempo. Siente el deseo de dejar de lado su decisión de anunciar a sus amigos su cambio profesional y disfrutar más tiempo de las vacaciones...

—¡Qué pereza me da hablar de todo ello! Se está tan tranquilo hoy... mira cómo ha cambiado el tiempo... ayer llovía. Ahora parece que estamos en verano otra vez... no sé si es el momento... Me da la sensación de que es muy forzado soltar así, de repente, los mensajes que hemos preparado. Además, ellos no...

—Déjame esto...

Álex coge la fuente con el tabulé. Huele a menta, limón y especias marroquíes. Sigue andando dejando su nariz pasear por los aromas de la fuente. La noche se anuncia maravillosa, la vida es fácil y prometedora.

—¡Esta menta huele increíble! ¿De dónde has sacado la receta? Es verdad, antes hacías tabulé. ¿La menta viene del balcón?

—Álex, te estoy hablando de la cena y de lo que decidimos comentarles. ¡Como siempre, no me estás escuchando!

—Claro que te escucho. Como siempre das vueltas a todo. ¡No te preocupes mujer! Ya veremos cómo va... la cena, la conversación. Ya sabes que yo hago lo que tú dices. Hoy nos vamos a divertir con los amigos. No tienes por qué pensar en tus historias de curro. Deja de preocuparte. Siempre te complicas la vida y al final todo te sale bien. Si no surge, lo hablaremos otro día...

—¡No, no! No quiero no hablarlo. Lo he decidido y preparado. Bueno... lo hemos preparado. Ahora me da pereza porque... bueno. Es casi de noche, se está bien, quiero disfrutar... pero hemos quedado que comentaremos lo mío. Es una puesta en marcha, una prueba. Además, me he enterado que viene Fernando... me ha hecho dudar porque no lo conozco muy bien, pero al final, puede ser una oportunidad.

Mira al cielo donde aparecen las primeras estrellas. Mira los árboles del otro lado de la calle. Coge el brazo de Álex, lo mira. Es guapo, sonríe, como siempre está feliz. Cruzan la calle y entran en el portal.

Silvia ha puesto la mesa en el balcón. Ha tenido que hacer malabarismos para que quepan siete personas. Apretado, pero precioso. El balcón está lleno de velitas y lucecitas suaves, el mantel y las copas anchas ponen de relieve el destello de las velas y, sobre todo, trona en la mesa, una garrafa de vino grande y estilizada sacada de un armario o herencia lejana. Una cena roja y dorada ilumina la noche del grupo de amigos reunidos después de sus vacaciones.

Núria se dirige directamente a la cocina, donde Conchi y Silvia remueven cacerolas, bandejas y tazones para lucir el aperitivo mientras comparten cotilleos recogidos en el cole. Algunos han vuelto, otros no, algunos son nuevos. Entre risas, aceitunas, humus y embutidos, Nuria se introduce en la conversación, desvelando su tabulé y sus aromas de limón y menta.

—¡Jo! Es una súper idea. ¡Me encanta el tabulé!

—¡Jolín... qué olor a menta! Parece que estemos en Marruecos... Vaya vacaciones os habéis pegado. ¿Dónde fuisteis finalmente?

—Pensábamos que no volveríais nunca. Estás espléndida. ¡Jolín, no hay nada como unas buenas vacaciones! ¿Todavía sigues de vacaciones o ya trabajas? Bueno, la pregunta va por ti. Seguro que Álex sigue de vacaciones...

Conchi es un torbellino de palabras. Tiene fama de decir siempre lo que no toca y de callarse cuando debería hablar. No parece esperar respuestas a sus preguntas. Si lo hace, es que es grave. Silvia es al revés: reservada, educada, pausada. Conchi y Silvia son vecinas y amigas de siempre. Maestra la primera, psicóloga la segunda. La primera habla, la segunda escucha. Amigas con formato Zipi Zape, siempre con risas y chismes. Se pasan la vida discutiendo sus enfoques educativos, intercambiando recetas Thermomix y compartiendo opiniones sobre el mundo social.

—Digamos que seguimos todavía de vacaciones. Pero nos queda poco.

Núria abraza a sus amigas y explora el desorden de los preparativos.

—¿Quién ha hecho esta empanada? Tiene una pinta increíble... ¿Otra vez la Thermomix? No por favor, no lo expliques. Me voy. Tenéis cinco minutos para la receta Thermomix. Voy a saludar a los chicos. Ahora vuelvo...

Pica un par de olivas y se dirige al balcón donde Álex está charlando con los fumadores. Saluda a los chicos. Fernando le ofrece un cigarrillo que acepta, en contra de todas sus teorías saludables. Escucha y comparte los recuerdos de unos y de otros. Mantiene su rol distante, pero el cigarrillo, las vacaciones, el calor del verano y los recuerdos de Menorca, Cerdeña y la Costa Brava le ofrecen un relajo inhabitual. España sigue sin gobierno, es septiembre y hace calor.

Las chicas aparecen con un espectacular aperitivo y todos se instalan delante del balcón.

Álex se acerca a Núria con una cerveza.

—¿Sabes que Oriol y Silvia se trasladan a Madrid el mes que viene? —añade a media voz— ¡Parece que sea la noche de los grandes anuncios!

—¿A Madrid? ¿Silvia va a vivir en Madrid?

La pregunta puede dar lugar a debate. La noticia es importante. En este grupo nunca nadie se ha trasladado. A ningún sitio. Núria habla a menudo de traslados, expatriados y *commuting*. Habla de lo que se vive en las grandes corporaciones donde la carrera profesional es un constante camino de obstáculos hacia la *top list* de ofertas. Los demás no conviven con todo ello. Parece que le han quitado el protagonismo. ¡Además a Madrid! Sería menos grave a Katmandú... ¿Y son ellos que se trasladan?

Silvia contesta.

—Pues sí. Es la noticia de hoy. Han hecho a Oriol socio de la firma. O sea, ha sido promocionado. O eso entiendo yo... Bueno, no es un traslado definitivo. Oriol está súper contento. Bueno, me he hecho a la idea. La verdad es que puede ser una experiencia interesante para todos. De todos modos, seguiremos residiendo aquí. Pero sí, nos vamos todos a Madrid. Nosotros y los chicos.

Está claro que Conchi conoce la noticia.

—Ya ves. Yo llevo medio verano intentando hacerme a la idea. Silvia me dijo que se iban a Madrid. De vez en cuando me pellizco. Para asegurarme de que no estoy soñando. Me la imagino dejando de lado sus pantalones grises. O marrones. Me la imagino disfrazada de pija madrileña con colores cantones... ¡Y lo dice como si se fuera a pasar un fin de semana en casa de su prima, increíble!

Las risas y las conversaciones se cruzan de un lado al otro de la sala. Núria se inclina hacia Oriol sentado a su lado:

Capítulo 3 · La cena

—¡Hombre! ¡Qué bien! ¿No? ¡Jolín, socio de Business & Partners! Muchas felicidades, tío. ¡Esto sí que es un anuncio!

Núria lo mira con su sonrisa de *manager* que da *feedback* positivo a su colaborador. Halagado, Oriol contesta:

—Bueno, por eso tocaba hacer una cena con todos, para compartir la noticia con los amigos y hacer un anuncio oficial...

Las miradas de Núria y Álex se cruzan.

Núria hace una mueca discreta y dubitativa. A través del brillo de la cerveza, Álex le anima a seguir adelante.

Parece que la situación le haga gracia. Núria se siente algo incómoda. ¿De qué va este ánimo tan positivo? ¿Es que le hace gracia el rollo? ¿A ver quién la anuncia más grande? ¿Oriol anuncia que ha sido promocionado y ella va a anunciar que se ha quedado sin trabajo?

Siente de nuevo el peso de la responsabilidad y de las decisiones.

La conversación se va desarrollando sobre el ser socio de una consultoría. Oriol, Fernando y Núria comparten este mundo de competitividad. Pueden opinar. Tienen legitimidad todos. Especialmente Núria que entiende mejor que nadie lo que supone ser socio, tanto en término de compromiso como de posicionamiento. La empresa de Fernando contrata a veces a grandes consultorías. Para Oriol, anunciar su nombramiento a Núria y a Fernando, es lanzar la noticia. Es un anuncio de carrera, el reconocimiento de los ejecutivos, de los profesores del IESE, de las grandes empresas y de sus conocidos profesionales. La imagen que percibe de sí mismo en el espíritu de Núria es importante.

Se instalan a cenar. Las empanadillas de la Thermomix acompañan al tabulé, entre copas de vino tinto y blanco.

El diálogo deriva hacia la vida en Madrid, los hábitos de los madrileños, los que se integran y los que no, que si los madrileños son más abiertos o más cerrados, más directos o más falsos, si el nivel escolar es mejor o peor, el horror de los atascos, las distinciones sociales y las apariencias. Todos se sorprenden de la aceptación tan fácil de Silvia, tan catalana, tan comprometida con el idioma, con el entorno local...

—Ya... es verdad, pero hace tiempo que hablábamos de ello. Al final, Oriol debe seguir creciendo en su organización. Las oportunidades están en Madrid. Quizás ahora nos veamos más... ¡aunque sea solamente entrando y saliendo del váter por la noche!

Se ríe, recordándose bromas sobre los hábitos nocturnos de la pareja.

Silvia mira a Núria.

—Tú vas a menudo a Madrid. ¿Por qué no vienes a dormir en nuestra casa la próxima vez que vengas?

Núria deja su vaso en la mesa. Sonríe a Silvia y Oriol.

—Es una gran idea. Tomo nota de la invitación. Seguro que me servirá... Pero no para ir a reuniones de mi empresa... Yo también tengo que contaros cambios en nuestra vida.

Núria se gira hacia los demás. Las conversaciones particulares se aflojan y todos giran la cabeza. La miran con curiosidad.

—La verdad es sencilla. He llegado a un acuerdo con mi empresa. Me he ido.

Álex mira a su mujer desconcertado. No es esto lo que habían acordado decir. ¿Dónde está el discurso sobre la estrategia, la negociación y el proyecto profesional? Sonríe para ilustrar el contexto de sorpresa desenfadada, mientras Conchi pregunta sin tapujos:

—¿Qué quieres decir? ¿Te has ido? ¿A dónde? ¿A qué te refieres con un acuerdo? ¿Tú también te vas a otro sitio? No entiendo... ¿También te vas a Madrid?

Álex le corta la palabra. Aprovecha para volver a centrar los mensajes.

Capítulo 3 · La cena

—Que no, que no. Justamente. No nos vamos, ni a Madrid ni a ningún sitio. Al revés, ya ves. ¡Nosotros nos quedamos! En estas empresas donde trabajan Núria u Oriol, si quieres hacer carrera, tienes que aceptar irte a vivir fuera. La empresa quería que Núria se fuera a algún país, vete a saber... el Este, Rusia, o incluso otro continente de países emergentes. Hablaron de la India. Posiblemente, ahí le darían un puestazo, con un salario exorbitante... Imagínate. Pero no nos vamos a ir al otro lado del planeta. No es el momento. Núria y yo no vamos ni a Madrid ni a la India. Núria ha llegado a un acuerdo con la empresa y se va. Deja la empresa.

Se siente obligado de precisar:

—Deja «su» trabajo. ¡Ellos se lo pierden!

Núria va recordando poco a poco los mensajes consensuados, la necesidad de coherencia, los dilemas de la movilidad, el traslado de Oriol y Silvia, el proyecto profesional...:

—La verdad, es que no había posibilidad de progresar más en España. Tenía que aceptar una dirección fuera. Me he montado una estrategia.

—¡No me lo puedo creer! ¿Tienes otro trabajo? ¿Te has ido sin trabajo? ¡No me has contado esto de que tenías una estrategia! ¿De qué va esto de la estrategia?

Conchi mira su amiga con cara de incomprensión. Tiene una admiración total por Núria.

Núria viaja, acude a conferencias, le cuenta sus reuniones, sus cambios de puestos, sus decisiones de *management*. Cuando van juntas al supermercado, Núria le explica los cambios de lineales, el rol del trade marketing, las góndolas, el *category management*, el *merchandising*, las marcas blancas y las maldades de Mercadona. Núria es casi perfecta. Sabe de estrategia empresarial, lee la prensa, es elegante, segura, distante. Tiene clase. Se ponga lo que se ponga, siempre le queda bien. Es valiente, dura. Como tienen que ser las mujeres para triunfar. Además, Núria confía en Conchi. Desde que se conocieron en el colegio de sus hijas, Conchi ha sido la asesora educativa de Núria. Confía en su mirada sobre los hijos, la educación y los tormentos de la adolescencia. En realidad, es la única persona con quien Núria puede hablar sin tapujos de sus dudas con su hija pequeña, de sus inseguridades, de su dificultad en entender a la niña, de sus escaqueos y de sus silencios. Del coste de los psicólogos y de las clases de refuerzo.

—No tengo otro trabajo, y estoy tomando el mando de mi vida profesional, construyendo una estrategia.

Núria mira con seguridad a sus amigos, Silvia, Oriol, Conchi... Su asertividad ha vuelto. Ha recuperado sus mensajes y su sensación de control de los acontecimientos, su aplomo y clarividencia. Es consciente incluso de que muchos de los presentes no acaban de entender lo que intenta explicar.

—Es una estrategia. Buscar trabajo desde dentro no iba conmigo. Soy una mujer fiel, en el matrimonio y en el trabajo. Decidí que lo mejor era salir de la empresa y luego buscar trabajo. Incluso, sigo de alta en la empresa. Llevo desde el mes de julio sin trabajar y seguiré de alta hasta diciembre. Entre una cosa y la otra, me he dado un año para encontrar trabajo. Tengo tiempo.

Su seguridad se mezcla con una pizca de fragilidad.

De nuevo aparece el tiempo, impalpable e imparable.

—Ya han pasado tres meses. En realidad, dos semanas —siente la necesidad de tranquilizar a Conchi. Quizá demostrándole las excepcionales condiciones de salida conseguidas, demostrando su nivel jerárquico y su capacidad de negociación. Añade:

—En vez de aceptar el *commuting* u obligar a toda la familia a trasladarse, puedo decir que, si todo sale bien, me habrá tocado la lotería.

Capítulo 3 · La cena

—¿Te pagan y no trabajas? ¿Y fuiste tú la que dijiste que te ibas?

Conchi mira a su marido, buscando ayuda o comprensión. Guillermo es asesor fiscal. Tiene los conocimientos para explicar si lo que dice Núria tiene lógica, es legal o sin sentido. Conchi conoce a su amiga. No acaba de entenderlo. Le chirría que Núria no le haya dicho nada, ni en julio, ni en la cocina. Pide explicaciones a Guillermo, cuando todos los demás parecen aceptar tanta claridad y seguridad en la decisión.

Guillermo confirma que es una excelente negociación. Entra en detalles específicos.

—Sí que es posible decir que «no» a una empresa. Aunque el derecho laboral diga otra cosa. Sí que se puede conseguir marcharse y a la vez conseguir dinero. Aunque el derecho laboral diga otra cosa.

Guillermo pone de relieve el matiz fiscal de la negociación. Aunque el derecho fiscal diga otra cosa. Como siempre, el tema fiscal se revela mágico. El debate se aleja de la decisión y de la situación. Temporalmente.

Conchi vuelve a la carga. Las explicaciones racionales de su marido que parece justificar que la ley y la realidad son diferentes, no la han satisfecho:

—¿Y vas a buscar trabajo? ¿Cómo? ¿Cómo buscarás trabajo? ¿Qué trabajo? Que yo sepa, tú llevas los pantalones en tu casa. Álex no debe cobrar ni la cuarta parte de lo que tú cobras. O lo que cobrabas. Las cosas os van muy bien porque tú eres lo que eres. O eras. Tenéis muchos gastos… Bueno, no me aclaro…

Núria sonríe.

—Cómo que ¿cómo? ¡Pues buscando! Tengo bastante claro lo que quiero buscar. Para buscar, hay que tener un proyecto profesional. Bueno, no digo que no esté algo acojonada, pero tengo confianza… Y tienes razón, yo llevo los pantalones. Aunque no siempre…

La risa vuelve a invadir el balcón y la noche. Oriol añade:

—¿Acojonada? ¿De qué te vas a acojonar? ¡Jolín, con un CV y una experiencia como la tuya, se te van a rifar!

Y antes que nadie tenga tiempo de añadir nada, Conchi pregunta:

—¿Tú crees? ¡Cobra un pastón!

Oriol y Fernando se lanzan a debatir sobre el perfil de Núria, su nivel, las empresas locales locas por fichar profesionales como ella, la falta de profesionalidad en las empresas familiares.

Núria sigue. Ahora ha retomado el rumbo de los mensajes construidos con Álex. Se recuerda que coincidieron en cerrar el discurso con su objetivo profesional. Algo sólido. Para salir de lo líquido.

—Sí, bueno. Tengo bastante claro mi proyecto profesional. En Barcelona, hay pocas empresas grandes de gran consumo. De hecho, solo me interesaría el grupo Naturmida. Voy a ver si consigo acercarme a ellos a través de diferentes contactos. Además, me van a poner en contacto con los mejores *headhunters* de Barcelona. Si no funciona, pienso mirar lo que pasa en el mundo de la salud. Barcelona está llena de laboratorios farmacéuticos. Muchos se trasladan a Madrid, pero la mayor parte siguen todavía en Barcelona. Muchos se lanzan a vender sus productos en gran consumo y no tienen ni idea de la gran distribución. Están súper interesados en perfiles de marketing que les aporten sus conocimientos de gran consumo... incluso para posiciones de dirección general.

Núria, Oriol y Fernando retoman los grandes temas de las conferencias de *management*: ser el dueño de tu carrera, cola de león y cabeza de ratón, el proyecto profesional, la innovación y el *change management*. Fernando se posiciona en contra de las políticas de RRHH de las multinacionales que obligan a la gente a vivir lejos de su casa. Halaga a las empresas familiares, el respeto al proyecto familiar de los empleados. Halaga a Oriol y Silvia que se trasladan para no verse separados. Y halaga a Núria y Álex que no se trasladan para no verse separados.

Núria aprovecha para ilustrar estas políticas con casos de parejas que llevan más de diez años viviendo a distancia, compensando su soledad con el prestigio del *commuting*. Poco a poco, va ilustrando las batallas internas para conseguir puestos que permiten evitar o retrasar la expatriación.

—No podía progresar más en España. Estoy encantada. He llegado a un excelente acuerdo. Mi trabajo consistía en construir estrategias para lanzar productos. Esta vez, estoy construyendo una estrategia para mi producto, que soy yo. He asistido a seminarios de carrera y de estrategia profesional. Vivimos en un mundo de cambios permanentes. Tenemos que ser dueños de nuestra propia vida…

Núria sigue hablando. Conchi la escucha, perdida entre la duda, la resignación y la admiración. O aceptar su no comprensión de este sistema. O decidir que si todo el mundo piensa que está bien, también lo piensa ella.

—Bueno, parece que lo tienes claro. Tu sabrás. A mí me flipa tu calma. Y sobre todo la de Álex. No sé… te veía tan metida en todo ello… quizás demasiado. Me parecía que tu empresa era… un monumento del cual eras parte. Parece como si no pasara nada. Y tú y Álex, no sé muy bien como os lo vais a montar ahora. Álex se lo toma con mucha calma, pero tú trabajas, viajas, te peleas. El montaba las cenas, viajes… ¿Y ahora qué? No sé, parece como si yo fuera la única que se sorprende, pero bueno, supongo que no me entero… si los dos lo tenéis claro…

Núria nota en su interior la duda entre la imagen y la emoción. Percibe la pena y el desconcierto de su amiga. Percibe de repente sus mensajes como un engaño, un disfraz, una falta de sinceridad ante su amiga. Nota el peso en sus hombros. Deja su vaso en la mesa y mira primero a su amiga, y luego a su marido.

Álex se ve obligado a intervenir:

—Como siempre, Núria lo ha hecho perfecto. Ha conseguido el puesto que quería en España hace unos años, cuando todos competían para el puesto. Y ella los dejo plantados a todos. Lo ha hecho tan bien, que ahora puede pedir lo que quiere. Seguro que encuentra un puesto de primera...

Núria le corta la palabra. Se pone nerviosa ante el discurso y siente la necesidad de dar explicaciones a Conchi:

—Ya lo sabes. Él no... Conseguir mi último puesto fue... Bueno, me lo monté bien, pero fue muy duro. A Álex, todo le parece sencillo. Le pareció lógico que me dieran este puesto... Le parece normal que me promocionen y que me aumenten el sueldo. En realidad, desde que me nombraron, sabía que tendría que irme. Hasta entonces, había conseguido construir mi camino. Había conseguido lo que yo quería. Ahora ya no. Bueno, ya no hay camino.

Su cara es más seria. Algo contrariada. Pero sigue sonriendo. Para seguir tranquilizando a su amiga, añade:

—Y la verdad es que ¡estoy encantada! Necesitaba descansar y he llegado a un excelente acuerdo.

Conchi mira a Núria. Y mira a todos. Todo parece normal. Unos se van a Madrid, otros dimiten, algunos deciden o parecen elegir su futuro. Corta un gran trozo de empanadilla, se llena el vaso de vino, levanta los hombros y con aire de resignación añade:

—No sé. Me da pena. No sé si porque me cuesta entenderlo, o porque no te imagino en otro lugar. O quizás porque dices que ha sido duro. No sé... yo creía que estas batallas te gustaban. Te veía tan metida en ello...

Núria la interrumpe. Conserva la calma. Pero ha dejado de sonreír. Sus ojos verdes brillan con las velas y se percibe el cambio de tono y la aceleración de su voz.

—Mira Conchi, tienes razón. Estaba demasiado metida en todo ello... Demasiado metida en todo.

Mira a su marido. Bebe un poco de vino. Tinto.

—El camino se había acabado... La verdad es que lo que llevo preguntándome todo este verano, es ¿cómo he aguantado tantos años? He aguantado porque hasta ahora, he sabido empujar y luchar hacia donde yo quería. Ahora, ya no puedo. Llegado a mi nivel es muy difícil moverte en la top list de ofertas. Hay que empujar cada vez más. Ya no me interesa. Tengo otras cosas que hacer. Estoy cansada. Llevo tiempo muy cansada. Tú lo sabes. De hecho, quizás seas la única que sepa hasta qué punto estoy cansada.

Le toca a Álex sorprenderse. Y a todos. Conchi se levanta y abraza a su amiga.

—Tu tabulé está cojonudo...

La noche crece con un corto silencio. Conchi mira a Álex con sus ojos redondos y dubitativos. Álex frunce las cejas, busca los ojos de Núria. Oriol se acaricia su barba.

Silvia percibe la necesidad de apaciguar el debate, y retoma su rol de psicóloga.

—Al final, las decisiones tienen siempre un fondo personal. Estás diciendo que necesitabas dejar la guerra. O preservar tu equilibrio. En nuestro caso, es parecido. En realidad, irnos a Madrid nos viene muy bien... a la familia. Claro, está la promoción. Y también esta Pol. No me gusta el camino que está llevando mi hijo Pol. No veía fácil convencerle de cambiar de colegio. Imposible alejarle de sus amigos porretas. Business & Partner me lo ha resuelto. Todo el mundo a Madrid. A ver cuánto tiempo tarda Pol en irse de copas a la Latina....Cada vez que veo la cara de Pol con la idea de dejar sus amigos, su cole y su barrio, me convenzo más de la oportunidad de irse. Un nuevo reencuentro familiar. Dormiré bajo el mismo techo que mi marido y mi hijo... en lugar de compartirlos con hoteles y discotecas.

Núria añade:

—Ya... o sea que lo de Madrid también tiene una explicación personal. Pues eso. En mi caso, también están las niñas. No todo es el trabajo. Clara empieza la universidad. No me voy a ir y dejarla sola. Ni dejarla sola con Álex. La prioridad es ella. Tengo 47 años, y es ahora o nunca. Ha sido progresivo y constante.

Deja pasar un silencio. Sigue:

—Los criterios que rigen mi organización ya no me interesan. Aunque parezca contradictorio, más aumenta tu nivel de influencia, y más pierdes tu autonomía. Y realmente, estoy cansada. El último año ha sido muy duro. Necesito parar... Llevo 20 años tuteando con soltura a toda una organización. Sin nunca decir lo que siento. Ni yo ni nadie. Estoy cansada. En realidad, creo que lo que quiero es disfrutar. Quiero encontrar un modo de funcionamiento que me permita disfrutar de esta situación. Quiero tener tiempo libre, ir al gimnasio, pasear por la calle, conocer gente nueva, salir. Salir hacia fuera... Me gustaría conseguir disfrutar de este parón. Disfrutar del tiempo... Y dejar de preocuparme.

Con la cabeza algo inclinada, Oriol rompe el silencio y retoma las riendas del debate:

—Es tal como lo dices. En realidad, mi caso es parecido. Más arriba estás y más se complica. Para mí, era aceptar ser socio e irme a Madrid o... no sé muy bien que hubiese pasado si hubiese dicho que no.

Capítulo 3 · La cena

Su esposa lo mira con sorpresa. Núria lo mira con agradecimiento.

Él sigue:

—He preferido no preguntar... la situación con mi jefe de Barcelona era pesadísima. Bueno, no sé cómo funciona tu empresa. Cada organización es un mundo. Supongo que también era urgente alejarme de él. Pero también sé que me pasará lo mismo que tú. A los 53 años, en Business & Partners te obligan a salir. Te despiden. Las excepciones a la regla son tan raras, que mejor no contar con ello.

Silvia ha dejado caer su vaso. Es vino blanco. No mancha. Conchi se precipita para echar sal y empapar el vino. Silvia se levanta y mira a Oriol:

—¿Te despedirán? Dentro de... ¿cinco... seis años? ¿Ya lo sabes? ¿Y no me lo has dicho?

—Bueno, sí. Cinco o seis años. No lo sé exactamente.

Silvia recupera su calma legendaria, sigue de pie. No engaña a nadie con su voz controlada y añade:

—Si lo he entendido bien, has dicho que, en tu empresa, lo normal es que te den puerta a los 53 años. Como tú y yo tenemos 48, esto significa que nos despedirán dentro de cinco o seis años. ¿Tienes también una estrategia como Núria?

—Sí. Supongo que ir a Madrid forma parte de la estrategia. Me acabo de dar cuenta.

Silvia se queda mirando a su marido, mira la ensaladera vacía, los platos de empanadas *made in Thermomix* vacíos, y se levanta para traer el segundo plato. Se aleja marcando los pasos un poquito más que de costumbre.

Conchi grita a través del balcón:

—¡Hey! ¿Necesitas ayuda? —añade en voz floja. —Creo que se ha enfadado... y creo que necesita ayuda... Voy pa'llá.

Fernando se levanta para llenar los vasos de los diferentes comensales. Zipi y Zape vuelven cuchicheando y cargadas de bandejas humeantes. Al colocar los platos, Silvia mira a su marido y le dice:

—La próxima vez, avísame antes de darte cuenta.

Álex y Fernando se ríen, mientras Oriol añade:

—Estos cambios no pasan a menudo en la vida. ¿Es la primera vez que nos trasladan no?

Y antes que haya contestado nadie, Núria se traga su vaso de vino y añade:

—Estos cambios pasan a menudo. Lo que pasa es que no lo hablamos. Yo, cada vez que he tenido que vivir un cambio profesional en mi empresa, he vivido algo parecido a lo que vivo ahora. Cuando estuve en *headquarters*, recuerdo estar embarazada de siete meses. No quería viajar. Me peleé con uñas y dientes. Álex ni se dio cuenta. Al final, conseguí que crearan un puesto para mí. A Álex, le parecía normal. Y para conseguir el último puesto... Y todo esto con mi suegra enferma, y las pesadillas de la niña. Bueno, en realidad, lo que yo quiero, es dejar de llevar yo todo y que Álex baje de una puñetera vez de la nube.

Nuevo silencio interrumpido por el ruido de un trueno lejano. Álex pregunta:

—¿Pero... qué quieres decir? ¿Por qué no me lo has dicho?

—¿Por qué? Pues igual que Oriol. Me acabo de dar cuenta.

La carcajada es colectiva. Se perciben luces en el horizonte que anuncian una tormenta. Núria acaba su vaso y se une a la risa.

Fernando se sirve un trozo de postre y dice a Núria:

—Cuando hayas descansado, llámame. Tenemos pequeños proyectos. Estoy seguro de que nos puedes echar una mano. Ahora no... más adelante. Deja pasar un par de meses, no hay prisa. Tú misma lo has dicho. Tienes tiempo.

Núria respira. Han pasado tres meses. Se abre una oportunidad. Nada serio, solo un proyecto colateral. Pero es algo. Parece que el tiempo vuelve a su sitio.

El calor se mezcla con la tormenta. Los rayos rompen la oscuridad de la noche, iluminando los vasos de cristal y los fondos de vinos morados y dorados. Algunas rachas de viento anuncian la lluvia, marcando el momento de la despedida.

Nuria siente la necesidad de decir algo:

—Vaya noche. Parece que nos hemos quitado el sostén uno tras otro. La cena era buenísima, pero la conversación ha sido dura. Vaya veranito.

La tormenta se acerca. Conchi abraza a Silvia y a Núria en un compadreo femenino ante los misterios de los comportamientos masculinos. En el momento de salir hacia el ascensor, oye a Fernando añadir:

—La lluvia ha puesto fin a la cena. Es una pena. Para mí, ha sido una noche genial. Hacía tiempo que no tenía una cena con una conversación real.

Mira a Conchi:

—Si no fuera por ti, no sé si hubiésemos... bueno. Os invito a cenar la semana que viene. Yo también necesito anunciar algo y quizás me podáis ayudar.

La parte oculta

La lectura de la historia por el consultor de carrera

En la búsqueda de trabajo, el tiempo es poderoso. Es un termómetro que evalúa la persona y su eficacia. Una evaluación implacable, tan injusta como real.

Durante muchos años el tiempo límite era de seis meses. La crisis y la aceptación del paro alargaron el plazo a un año. Rápidamente el plazo pasó a dos. El parado de larga duración es hoy en día el que lleva más de dos años sin trabajar. Si la persona sin trabajo lleva tres años, significa que el tiempo se le ha escapado.

Podríamos demostrar que las «etapas de transición de vida» duran como mínimo cinco años. Todo depende de cuándo empiezan y acaban.

El tiempo tiene una velocidad constante cuando uno trabaja. Se tuerce en la situación de no trabajo. El tema del tiempo en el «no trabajo» es tan complejo y relativo que requeriría estudios compartidos de psicólogos, científicos cuánticos y sobre todo de personas sin trabajo. La realidad es que es una valoración que raramente toma en cuenta el tiempo que necesita la persona para aceptar el cambio.

De hecho, esto es relativo.

A la vez, el tiempo es una realidad:

Núria ha dejado de ir a trabajar a la empresa hace aproximadamente tres meses. Un 25% del tiempo autorizado. Lleva dos semanas de vuelta de vacaciones; las vacaciones no son un «tiempo» de búsqueda de trabajo. En realidad, empieza hoy. O quizás empezará cuando esté de baja de la empresa. O sea, el tiempo empezará dentro de tres meses. Nadie puede juzgar esta realidad sino ella misma. Ella ha decidido que lleva dos semanas buscando trabajo.

La relatividad del tiempo en la búsqueda de trabajo depende de lo que vive la persona y de lo que ha vivido. El mundo, los amigos, los *headhunters* y la pareja juzgan el tiempo. Es más sencillo que juzgar la pertinencia del proyecto, del posicionamiento o de la energía desplegada en la búsqueda de trabajo. Con el tiempo, la persona se juzga a sí misma y se defiende buscando su propia verdad. No miente, sencillamente formula lo que percibe de su propia realidad, o lo que acepta de su realidad. Necesita dar forma a lo que pasa. Por ello se preocupa por lo que dice.

Los mensajes ayudan a dar forma y a gestionar el tiempo. Puede que los mensajes ayuden a aceptar la realidad, siempre y cuando se sea capaz de decir a alguien lo que se vive realmente. Sin miedo a contradecirse.

Un discurso demasiado claro es sospechoso. En el no trabajo, no hay ni agenda, ni fecha de entrega, ni jefes que te obliguen. Lo que te apetece, por un lado, y la responsabilidad por el otro. La tentación es humana. Entre ambos lados existe el eje transversal del proyecto profesional: sustituir aspiraciones y deseo por el sentido del deber, puede alimentar la capacidad de actuar, siempre y cuando el proyecto no se «prefabrique».

Es importante tener un proyecto. Pero los parches son peligrosos. Desestabilizan y liman el coraje. El riesgo es equivocarse, y con ello perder tiempo.

La lectura de la historia con la mirada terapéutica de un psicólogo de pareja

El encuentro y enamoramiento de Núria y Álex podría haberse construido alrededor del rol masculino o femenino de cada uno. Tenemos la tendencia en imaginar el hombre en el rol activo y viril, y la mujer en el rol pasivo que confirma su imagen femenina. En el caso de Núria y Álex, los roles están invertidos. Una situación que se produce cada vez más en nuestro mundo.

Núria tiene el papel activo. Ejerce un papel dominante, donde su rol es trabajar, competir, luchar, subvenir a las necesidades de la familia, sin nunca pedir ayuda. Núria decide, tiene un trabajo «importante», gana dinero, es segura, dura.

Álex tiene el rol pasivo, es guapo, su trabajo no parece impactar su propia imagen. Su «rol femenino» le permite abordar la vida con una sonrisa constante, confiando en su mujer y en su capacidad de solucionarlo todo.

La situación de no trabajo tiende a rigidificar los papeles de cada uno. Álex en su papel de confianza a ciegas, y Núria de absoluta seguridad. En el grano de arena del no trabajo existe el riesgo de que uno se encierre en sus comportamientos estereotipados. Existe incluso el riesgo de que intente recuperar ante sus amigos los sistemas perdidos. Sin embargo, esta pareja parece aprender a bailar con el sistema.

Los papeles de cada uno parecen solidificarse en la primera parte de la cena. Núria pide a su entorno reafirmarle su identidad. Sin embargo, Núria acepta «desnudarse». Demuestra una cierta agilidad. Cambia de discurso. Sorprende que en un sistema tan «sólido» Núria consiga tan fácilmente «descubrirse». Quizás sea un descubrimiento parcial: pasa de la seguridad absoluta en su carrera profesional, a la seguridad total en sus replanteamientos de prioridades. Mantiene su seguridad y asertividad.

Pero el grupo y el reconocimiento por parte de otros de sus propias dificultades le ayuda a agilizar su rol, y a desvelar sus heridas. No llega a pedir ayuda, pero todos reconocen las diferencias entre «lo que se dice y lo que se vive». El grupo de amigos hace un rol terapéutico. El diálogo permite dar sentido a cosas no aclaradas. La «terapia de grupo de pareja» facilita, en este caso, el cambio de comunicación.

En vez de solidificar el sistema, las parejas pueden desvelarse y quizás abordar un camino diferente donde se acepte un posible cambio temporal de roles.

Consejo · *Gana tiempo hablando con amigos. Sin miedo a contradecirte.*

Capítulo 4 · La televisión

> No hay proyecto profesional
> sin proyecto familiar

La historia

Es una buena oferta de trabajo. Todo cuadra, el sector, la federación sindical, los productos, las categorías de convenio, incluso la cadena de frío. Para Vicente, es el lugar perfecto para utilizar todos los conocimientos adquiridos en su anterior etapa profesional. La empresa no tiene mucho prestigio, pero da igual. La empresa donde trabajaba antes tenía mucho prestigio. Demasiado. Tanta imagen de marca hace más difícil la ruptura. En este nuevo puesto, seguro que se sentirá valorado.

Estos *private equity*[4] que acaban de entrevistarle parecen tener bastante más proyectos de futuro que Bibesa, la empresa prestigiosa donde trabajaba

---

4. *Private equity*: Fondos financieros que adquieren la mayoría de las acciones de la empresa, generalmente para fomentar su crecimiento y posteriormente venderla. *Private equity* y capital riesgo son «casi» sinónimos, si bien la primera expresión deja entender a personas y/o representantes cuyos «intereses», menos capitalista que en los capital riesgos, están orientados al reflotamiento de la empresa, conservando la propiedad.

antes. Prevén para los próximos dos años muchas más inversiones en maquinaria que los hechos en la fábrica de Bibesa en los últimos quince.

La entrevista había ido muy bien. Apenas la había preparado puesto que la llamada había sido el día anterior y se había visto obligado a mover su agenda de un día para el otro. Estos dos ejecutivos habían ido al grano. Muy directos. Hubiese preferido mantener la entrevista con otros, como por ejemplo, con los propietarios de la empresa. Hubiera sido más normal, más tranquilo. Estos eran fondos. Sean *private equity* o capital riesgo, no era gente de aquí.

No parecían tener ni idea de cómo iban las relaciones laborales en este sector, en este país, o en este entorno. De hecho, no parecía importarles demasiado. Sabían que con una planta de 300 personas en España era necesario lidiar con un comité de empresa. Para eso, hacía falta alguien. Alguien que se hiciera cargo del pastel.

Y Vicente tenía el perfil.

No importaba quién era, qué pensaba, qué creía. Sólo habían comprobado que conocía de qué iba todo ello. Lo cual en realidad era una ventaja. No se meterían. Pero si se torcía algo, se quedaría él solo ante el peligro. En Bibesa en cambio, estaba la jerarquía, los compañeros, sus enemigos tradicionales del comité, sus puentes y las reglas de juego compartidas. Aquí no podría esperar ayuda de nadie.

En horas de poco tráfico la fábrica está a veinte minutos de su casa, en hora punta, tarda unos cuarenta y cinco. Bueno, en realidad eso le da igual. Esta autovía está muy bien y el viaje en coche no le molesta. Ese momento de soledad donde el ronroneo del motor y el control del volante le permite conectar con el momento y con sus pensamientos, tiene su «qué». Incluso, podría dejar a su hijo Chema en el cole. Le coge de camino. Eso solucionaría los líos de la mañana en su casa. Aparte, la ruta es agradable, realmente agradable. El mar está cerca y hay cada vez más actividad. La fábrica donde trabajaba antes estaba al otro lado, hacia adentro, entre montes y bosques, más oscuro.

Se imagina viendo el mar desde su despacho encima de la planta.

Vicente enciende la radio. La autovía es nueva y a esa hora está vacía. Es noviembre y hace un sol espléndido. El asfalto brilla, la carretera esta luminosa, abierta. El típico momento en el cual tienes ganas de apretar el acelerador y subir la música para disfrutar de la libertad de la carretera. Suena un bolero, una voz rocosa de mujer que grita su amor y su soledad. Sube el volumen. Murmura las palabras de la canción que surgen en su memoria, sin atreverse a subir la voz. Le entran ganas de soltarse. De cantar más fuerte. Está contento. Baja el cristal. El estribillo y la temperatura le recuerdan otras épocas, otra vida: la militancia universitaria y los debates sobre los fundamentos de la ley.

El cartel de la próxima salida: pensaba en ir a comer a su casa, o quizás en pasar a ver su consultor para contarle la entrevista. Pero de repente surge otra idea: ¿Por qué no coger la próxima salida y tomar una caña con los de la asesoría? Su oficina está cerca y es casi la hora del almuerzo.

Decide salir.

Al acercarse al bar donde sabe que la peña suele ir a comer, apaga la radio, los boleros y la nostalgia de los amores perdidos. Decide quedarse un rato en el coche a disfrutar del trocito de mar que reluce en el horizonte. Hace días que no habla con la peña del despacho. Hasta hoy no tenía muchas noticias que contarles y no quería hacerse el pesado y parecer que reclamaba trabajo, pasando por allí como quien quiere hacerse recordar.

Hoy es un buen día para verles. Tiene una oferta, se siente seguro, ha recuperado su posicionamiento en una mañana, o más bien en una entrevista.

En realidad, sabe que no es casual pasar por aquí. El paisaje y el silencio relajan sus neuronas. Lleva meses pensando en la asesoría. Incluso antes de salir de Bibesa. Y cuando entendió que le iban a despedir, pensó en la asesoría.

Había estudiado derecho para ser abogado. Tenía muy buenas notas y aunque fuera algo tímido, sacaba «notables» en todos sus exámenes. Tenía talento para hacer vínculos entre disciplinas y leyes de diferentes ámbitos. Se proyectaba como un gran abogado. Había aceptado un trabajo de administrativo en una fábrica para ganar dinero. Lo necesitaba para no tener que dar explicaciones a sus padres. Se puso a trabajar por la mañana y a estudiar por la tarde. Era un joven responsable y ordenado, así que lo habían promocionado. Al acabar sus estudios, le habían ascendido a un puesto de mando. De la administración de personal a las negociaciones de convenio y de aquí allá, habían pasado más de veinte años. Había llegado a formar parte del equipo de dirección de la fábrica, había aprendido a lidiar con las federaciones sindicales y con el resto de los RRHH del grupo.

Todo siguió su curso hasta que la jubilación de un capo de RRHH fue el inicio de su caída. Los nuevos *managers* discutían sus enfoques de negociación. Perdió los apoyos de siempre y empezó a hacerse preguntas sobre el presente y sobre el pasado. Siempre había pensado que, si no se hubiese abierto este camino hacia la empresa, habría sido abogado. Siempre se había imaginado a sí mismo en las salas de los tribunales. Cuando le tocó negociar su propio despido, su camino a la abogacía llevaba meses dándole vueltas, soñando con trabajar con sus amigos de la universidad.

Capítulo 4 · La televisión

Sale del coche. Todavía es pronto. El restaurante esta vacío. Se instala en la terraza, pide una cerveza y manda un *WhatsApp* a la consultora. «Entrevista *ok*. Me parece un tema interesante. Hablamos mañana». Una manera educada de quitarse el compromiso de encima y de no verse obligado a ir a verla como agradecimiento del contacto. Las rayitas azules de mensajes recogidos se encienden y la consultora contesta: «*Ok*. Que pases un buen día».

De repente, nota como se relaja. Detrás del polígono, se ve el mar. La playa se esconde detrás de los almacenes y de las oficinas. Se respira un aire transparente, sin viento, una temperatura estupenda. Toma un trago de cerveza y decide dejar de pensar. Decide hacer estas cosas que dicen los *coach*... respirar, oler, tratar de oír lo más lejos posible, relajar los dedos de los pies, las cejas y la frente. Cierra los ojos. Levanta la cara hacia el sol y sonríe. Saldrá lo que tenga que salir. Lo importante es que las cosas se muevan. Y parece que todo avanza hacia un camino escrito. O no. ¿Hace falta quedarse sin trabajo para preguntarse sobre el sentido de las cosas y la existencia o no de un destino? Mejor no pensar demasiado y disfrutar de la luz del Mediterráneo. Los rayos pican. Se pondrá moreno.

—Hijo mío, pareces una momia petrificada. O estás enamorado o te has fumado algo. En cualquier caso, la cerveza que llevas, como si fuera el bastón de Cristóbal Colon, se estará calentado. Anda ya... ¿qué coño te pasa?

Pedro acababa de llegar, sin ruido, como su costumbre. Pedro es socio del despacho, amigo de Vicente desde los años de la universidad. Vicente abre los ojos y deja la cerveza en la mesa.

—Pues no sé, la verdad es que hace un día increíble. Tenía una reunión en el polígono de la nueva autovía. Se me ha ocurrido venir a veros. Han dejado espectacular la nueva carretera. Apenas he tardado 25 minutos para venir desde mi casa.

—Jo... pues cuando he llegado me he preguntado si el tío que veía a lo lejos estaba en trance. Me ha costado reconocerte... ¿comes con nosotros?

—Eso era la idea. Tengo la tarde libre. Pensaba ir a casa, pero de repente se me ha ocurrido pasar a veros. ¿Vienen los demás?

El camarero deja una cerveza en la mesa, con un plato de olivas, patatas fritas y boquerones. Pedro pica un par de olivas y se instala confortablemente, girando la cara hacia el sol y cerrando él también los ojos.

—Sí, sí. Ahora vienen. Estarán acabando una reunión. Con un nuevo cliente. Jo...

Se hace un corto silencio. Vicente pregunta:

—¿Qué pasa? —Nota algo en el aire. Su amigo se gira hacia él:

—Es increíble que estés aquí hoy... de hecho, tengo que contarte una buena. Nunca imaginaras quién es este nuevo cliente. Vino hace un par de semanas y todavía estoy recordando.

—¿Tenéis un cliente nuevo? ¿Gordo?

Vicente se siente agradecido y decepcionado a la vez del giro de la conversación. Le hubiese gustado hablar de él, contar algo del proyecto, de la inversión, explicar que se veía implicado en un proyecto que influye en el desarrollo de la comarca. Pero percibe una noticia y esto le reafirma en su posición de igual a igual. Como dice su consultora, ante la incertidumbre, lo mejor es escuchar.

—Pues sí. Muy gordo a lo que parece. Es un grupo inversor extranjero cuyo nombre no puedo desvelar ahora. Pero esto es lo de menos. Su representante legal aquí es... ¿A ver si adivinas?

Pedro sonríe. Sigue con los ojos cerrados, disfrutando la conversación, la cerveza y los rayos de sol.

—¡Ah! ¿Lo conozco? ¿Es alguien que conocemos?

—La conoces...

Pedro abre los ojos y se gira hacia su amigo:

—María. La fiscalista. La que se fue a Canadá.

Es ahora Vicente quien abre los ojos y gira la cabeza.

—¿María? ¿La del partido? ¿La que desapareció en América?

—Pues sí. Esta María. La del partido. Que hoy representa un grupo inversor que hasta la alcaldesa recibe de rodillas. María que habla por teléfono en inglés, en francés, y en otra cosa que no sé lo que es. Nos propone que llevemos sus gestiones legales en España.

Sonríe mirando la cara de su amigo. Con aire juvenil añade:

—No sé si sigue en el partido de aquí o de allá, pero te aseguro que se parece más a una chica Bond que a una militante.

—¿Una chica Bond? Hombre, ya debe tener su edad ¿no? Ya no tenemos veinte años.

—Cierto. Pero entre las bambas de entonces y los tacones de hoy, me quedo con lo presente.

Pedro y Vicente se ríen. Pedro dedica un ratito a contar el encuentro, el recuerdo, el estilo de María y las primeras reuniones mantenidas estos días. Explica la amplitud del proyecto, los contratos, las gestiones, los riesgos, las complejidades internacionales.

Vicente escucha y pregunta:

—¿Y cómo es que has dejado a los demás solos en esa reunión? Me sorprende de ti dejarlos solos.

—Tienes razón. No me gusta no participar en esta negociación. Pero no hablo ni jota de inglés y María y el otro tipo que la acompaña no paran de hablar en inglés. Me molesta. Ya se apañarán. He preferido salir y tomarme una cerveza.

—¿Quién de los demás habla inglés?

Pedro se levanta y mira hacia las mesas del restaurante, invitando a Vicente a instalarse para comer. De lejos, ven llegar a los otros tres compañeros que acaban de terminar la reunión.

—¿Quién habla inglés? Joan. Parece que se aclara bastante. Pero... bueno, el inglés es importante. Pero no es solo un tema de inglés. Es todo lo demás. Y llevo una semana pensando que...

Se gira hacia Vicente y añade:

—Tú también hablas inglés.

Pedro mira a Vicente, con una mano en el bolsillo y la otra con la cerveza. Añade:

—Joan se apaña. Pero esta gente es de armas tomar. Para este proyecto, necesitamos gente de nivel. No sé... recuerdo que hablamos de ello hace meses, cuando saliste de la empresa. Entonces me cogió un poco imprevisto. Siempre soy prudente y... bueno. Aquí está claro que necesitamos a alguien con tablas. Tú conoces a María, fuisteis amigos. Y no me digas que no es casualidad... Hablas inglés, llevas trabajando en una empresa multinacional mogollón de tiempo. Estás acostumbrado a lidiar con este tipo de gente. Este proyecto nos viene grande. Bueno, grande no sé... lo podemos hacer. Seguro. Pero pensé en ti. Joan entiende el idioma. Pero no es solo el idioma. Estuve a punto de llamarte para que vinieras a una reunión. Bueno, al final nos arreglamos, pero...

Toma un trago de cerveza y un par de aceitunas. Mira hacia el mar. Sigue:

—No me digas que no es fuerte... me largo de la reunión pensando en ti y te encuentro aquí sentado, con una cara de esfinge que casi no te reconozco, esperando que te ilumine el espíritu santo.

Vicente se ha levantado. Se queda de pie mirando a su amigo, tratando de absorber lo que le está diciendo. Los inversores, la asesoría, las reuniones en inglés, María y las comidas con la peña.

—¿Has hablado de mí con María?

Pedro se ríe, levanta las cejas y contesta:

—Mira el tío… está sin curro, le ofrezco el contrato del siglo, un trabajo, un buen sueldo y solo pregunta por la mujer… sí señor. Esto es lo importante.

—De momento conozco mejor a la mujer que el sueldo.

Se ríen de nuevo. Entran juntos en el restaurante y se instalan mientras los otros compañeros se acercan y saludan a Vicente.

—¿Qué tal la familia? ¿Los críos?

Vicente sonríe.

—Bien, todos bien. Chema está hecho un hombrecito y Vero llega cada vez más tarde de sus juergas los fines de semana.

Empiezan a comer. El sol entra por la puerta acristalada. Después de los intercambios sobre hijos y padres, los compañeros de la asesoría empiezan a hablar de la reunión de la mañana. Pedro invita a Vicente a dar sus opiniones.

Al llegar los cafés, sabe tanto como cada uno de ellos.

Hoy Chema y Vero tienen fiesta. Amparo ha aprovechado para ir a comer con sus hijos en casa. Vacía el lavaplatos oyendo los dibujos animados de Chema y la radio de Vero. La ventana de la cocina está abierta y se mezcla la emisora de Vero con los ruidos de cocinas vecinas. El olor a cebolla dorada se mezcla a otros olores de guisados que abren el apetito. Apaga el sofrito para mezclarlo con los macarrones. Comprueba el horno y añade más queso.

Repite las idas y venidas de una punta a la otra de la cocina entre el horno y el lavaplatos, a la vez que repasa las cosas pendientes: la entrevista de Vicente de esta mañana, el traje en la lavandería, la reunión de la semana que viene con el AMPA... Siempre vuelve a su mente esa maldita reunión. No acaba de decidirse. Ir o no ir la reunión del AMPA: ésta es la cuestión. Tantos años de consideración por ser la esposa del Director de Recursos Humanos de Bibesa, una de las empresas conocidas de la región. Todo el mundo conoce Bibesa, tienen productos en todos los supermercados... Claro que es una chorrada. O eso dice Vicente. Pero no es él quien va a las reuniones de padres, donde siempre hay alguna mujer compasiva que te pregunta, con cara de circunstancia, «¿cómo va todo?»

Solo pensarlo... saca un *tupperware* lleno de jamones diversos, embutidos y manchegos. Corta un trozo de chorizo y se sienta a pensar. El chorizo pica. Se sirve una cerveza, mientras espera que se caliente el horno.

Casi mejor no ir a la reunión. Al final, ya tendrán decidido cómo organizar la excursión y si se le ocurre ir a la reunión, le tocara coordinar la merienda o gestionar los fondos. Mejor buscar una excusa. Ya... pero esto chirría mucho. En este colegio, Amparo nunca ha faltado a ninguna reunión del AMPA. Y para todas las mamás del colegio, su marido Vicente lleva meses sin trabajo. En realidad, solo lleva tres, o cuatro, pero ellas no saben. Amparo trata de razonar:

Chema no entenderá que su madre no vaya a la reunión como las demás madres. Vicente tampoco. Para él, al final, es una reunión de cole. Basta con hablar con la profe y la directora y dejarse de lo otro. Con la excusa de que no va a trabajar, hace meses que no lleva a Chema al cole. Ella sí. Y ha llegado a preguntarse si no deberían cambiar a Chema de colegio. Todos sus compañeros de clase lo conocen por ser el hijo del DRH de Bibesa. Ahora, ni Chema es el mismo Chema que antes, ni ella es la misma madre que antes. Vero... no se sabe. Como todas las adolescentes, va a la suya. Al final, Amparo se siente sola y siente la obligación de proteger a Chema.

Claro, Vicente coge el coche, se va a sus reuniones, se va a tomar algo por ahí con no se sabe quién, o se queda en casa con el ordenador. Pero ni va al polígono, ni va al supermercado, ni va al cole, ni va a nada a donde va todo el mundo. Hace gestiones.

Amparo no acaba de ver claro estas gestiones que hace Vicente. Bueno, lo de hoy está claro: una entrevista, en una empresa, para cubrir una vacante y cobrar un sueldo. Esto es buscar trabajo. Lo otro, eso de comer con personas de trabajo temporal, o sindicalistas, o incluso con... ¿cómo se llama ese que le habló de...? Bueno, nunca sabía muy bien qué contar a las demás madres del colegio que se empeñaban en preguntarle «¿cómo va todo?»

El horno está caliente. Introduce el plato de macarrones y sale de la cocina para repasar las habitaciones y poner la mesa en el comedor.

Vero apaga la radio y sale de su habitación. Entra en el comedor donde su hermano zapea, jugando con los teclados de los mandos como si fuesen una guitarra. Vero ataca:

—Hay que poner la mesa. Apaga esta tele. Solo dicen tonterías.

Verónica tiene 16 años. Justo la edad en la cual la mujer se pelea con la niña y viceversa. La edad de la metamorfosis, donde nadie te entiende y tú no soportas a nadie. Adora y no aguanta a su hermano, mimado y caprichoso. Se cree el rey del mambo y nunca nadie le pide que ponga la mesa.

Chema zapea para llegar a su canal. Se para un momento en los anuncios donde unos dibujos animados bailan alrededor de una chocolatina. Sube el sonido para cantar la canción, burlándose de su hermana.

—Yo estaba aquí antes. Estoy esperando mi serie. Si no quieres la tele, puedes ir a tu habitación a peinarte.

—Por favor, ¿cómo puedes escuchar esto? ¡Y cantar! Pon tu serie si quieres, pero haz callar a esos animales. Prefiero el fútbol. No puedo aguantar esto... y además, vamos a comer.

Verónica intenta arrancarle el mando, mientras su hermano salta encima del sofá, cantando cada vez más fuerte la melodía de la chocolatina. Mientras corren y saltan sobre sofá, mesa, sillón, arrugando la alfombra y lanzando cojines, Chema aumenta el sonido del televisor donde se suceden KitKats gigantes y eslóganes de superación personal. Los anuncios resuenan de «solo uno llega a ser el mejor», «si tú quieres puedes», alternando con imágenes de concienciación que piden ser generoso con el tercer mundo.

—¡Esta música también es buenííiiisima...!

Chema baila al ritmo de la música para el tercer mundo. Mezcla ritmos étnicos con un violín melódico y romántico. Imita un violinista, saltando de un cojín a otro con aires inspirados.

—Es una porquería, una hipocresía. ¡Dame el mando!

Verónica agarra su hermano por el pelo. Caen al suelo. El juego se mezcla con la rabieta.

Chema chilla: —¡Me haces daño!

El sonido está a tope, cuando surge la frase fatídica: «Lo normal, es sentirse bien».

Verónica se para delante la tele como petrificada.

—¿No te da asco oír a esta basura que llevamos comiendo desde hace años creyéndonos estas estupideces?

Chema ha recuperado el mando. Tumbado en el sofá, baja el sonido y pregunta:

—¿Estupideces? ¡Si siempre has sido tú la primera en conocer todas las canciones de Bibesa de memoria! ¿Y qué pasa hoy? ¿Ya no te gustan esas mujeres tan estupendas? ¿Ya no vamos a cantar tu canción preferida Bibesa en los túneles de la carretera? ¿Ya no vas a llenar tu habitación con los carteles de las mujeres Bibesa, para «sentirse bien»?

Evita de nuevo la mano de su hermana que intenta otra vez quitarle el mando. Vuelve a mirar a su hermana:

—¿Ya no te gusta los Bibesas?

—No. No me gustan los Bibesas. De hecho, no pienso volver a comer ninguna hasta que me muera. Y si fueses algo decente harías lo mismo. E incluso cambiarías de canal cada vez que hacen un anuncio de ellos.

—¿Por qué ya no te gustan los Bibesas?

Vero se sienta al lado de su hermano. Chema ha aflojado el sonido y solo se oye un fondo musical y los comentarios lejanos de los eslóganes publicitarios. Contesta de manera más pausada, pero haciendo el payaso:

—«Lo normal es sentirse bien, lo normal es sentirse bien, lo normal»... ¿tú qué crees que pretenden con esto? ¿Que nos sentamos todos felices? ¿Que nos creamos que gracias a ellos somos felices? ¡Parece que no lo entiendes! Ya no eres un niño. Fíjate, te dicen que, gracias a ellos, lo normal es sentirse bien. Y luego despiden a la gente sin preocuparse mucho de sí les sienta bien o no... no somos todos felices, por culpa de ellos. Ellos nos engañan. No me siento bien. Y tú tampoco. Y papá y mamá menos. Ellos despidieron a papá. Así que ya no pienso acercarme nunca más a sus productos ni escuchar sus mentiras.

—¿Qué quieres decir con «despidieron a papá»? Papá está cambiando de trabajo. Dice que va a ir a trabajar a otro sitio. Que han cambiado las máquinas y papá... Están viejas... las máquinas...

Vero duda entre su rol de hermana adulta y protectora, o su rol de rebelde peleona defensora de la verdad y de la justicia.

—Mira tú... las máquinas. Resulta ahora que son las máquinas. Para sentirse bien... ¿También crees que lo normal es «sentirse bien»? Esto de que papá no va a la fábrica... ¿Y en el cole qué te dicen? ¿No te molesta que Papi ya no te lleve al cole? ¿Ninguno de tus compañeros te pregunta nada? Con lo presumido que ibas de tu papá jefe de Bibesa... ¿O es que todo sigue igual? ¿Nada ha cambiado en el cole con tus amigos? También les has dicho que las máquinas...

—No sé... no sé de qué me hablas. No me gusta lo que dices.

—¿Todo sigue igual para ti? ¿Desde qué papá nos dijo que iba a cambiar de trabajo, todo sigue igual? ¿Ninguno de tus gamberritos de amigos te dice nada? Me sorprende de esta pandilla de granujas... ¿y cuando vas a jugar al fútbol... qué?

Chema frunce el ceño.

Vero ha recuperado el mando. Abraza a su hermano con un brazo, protegiéndole del ataque que emprende en campo abierto. Con la otra mano, zapea, o más bien dispara. Dispara con el mando transformado en rifle vengativo y justiciero. Los eslóganes publicitarios se suceden, coche, embutidos, perfume, líneas telefónicas,... aparece una pizza. Llena de queso, con una masa esponjosa y dorada, una madre guapa y sonriente. Vero se para un momento ante el anuncio y vuelve a disparar, removiendo su nueva pistola con aun más energía. Finalmente, encuentra el anuncio que buscaba. El nuevo anuncio de un producto del grupo. Sube el sonido y aprieta a su hermano contra ella.

—Ya lo he encontrado, mira.

Capítulo 4 · La televisión

La pantalla está invadida con la sonrisa de una mujer, bella, feliz, satisfecha con Bibesa, rodeada de paisajes verdes y de cascadas trasparentes. Vero añade:

—¡Y júrame que nunca más comerás, ni entrarás ningún producto de ellos en esta casa!

El siguiente anuncio presenta un bebé maravilloso que habla como un adulto del sentido de la vida. Mira con benevolencia a sus padres y a sus preocupaciones ante el futuro. Vero pregunta:

—Seguro que a este niño no han despedido a sus padres.

Se deja llevar por la cruzada y su espíritu de venganza. Los anuncios saltan de un canal al otro, mientras Vero anticipa las pausas entre seriales y noticias. Chema mira ahora los anuncios en silencio, escuchando los comentarios de su hermana.

Amparo lleva ya cinco minutos observando la escena desde detrás de la puerta. Iba a poner los platos en la mesa cuando de pronto oyó la palabra «basura». No consigue ver la cara de sus hijos. Solo escucha sus voces y sus silencios y los comentarios de su hija, como siempre pasional, violenta y defensora de medio mundo.

Pensaba que Verónica pasaba totalmente de su entorno. Estaba equivocada. Quizás si hubiese llegado antes, hubiese intervenido y quizás hubiese hecho callar a su hija.

Entra en el salón.

—¿Se puede saber a qué viene tanto follón? ¡Uf! ¡Pero esto ha sido un terremoto! Anda Verónica, arréglame la alfombra y por favor apaga la tele y acaba de poner la mesa. Son casi las dos y media. Es tardísimo. Y tú Chema recoge los cojines y pon algo de orden en este caos. Ya estarán listos los macarrones y vamos a comer enseguida.

Los hermanos recogen en silencio. Se sientan a la mesa. Amparo les pregunta por las clases y los planes del fin de semana.

Los macarrones están deliciosos y desaparecen rápidamente, consiguiendo que todos «se sientan bien» y que se apacigüe el temporal familiar. Chema y Vero recogen la mesa, sin gritos ni pelea. La tarde se desarrolla con una calma inusual, sin bien con algunos susurros camuflados de complicidad y entendimiento.

Cuando Vicente llega a la casa, el sol ha desaparecido y está oscureciendo. El cambio de horario de invierno ha acelerado el anochecer y en algunas calles se perciben los primeros síntomas de las navidades.

Sube en el ascensor pensando en su conversación con Amparo. Como explicarle que, por la mañana se imaginaba mirando el mar desde un despacho encima de una planta reluciente de máquinas modernas y que por la tarde se visualiza dirigiendo con Pedro una reunión en inglés, alrededor de una mesa en algún despacho de la Gran Vía.

Cuando entra en casa, todo está en silencio. Vero está estudiando en su habitación, Chema está jugando con su maquinita y Amparo leyendo en el sofá. Una situación extrañamente tranquila. Vicente siente otra vez esta sensación de felicidad.

Se saca la chaqueta, se sienta al lado de su mujer y coge el mando para encender la tele.

—Espérate antes de encender la tele. Tengo que contarte algo. Tenemos que hablar. ¿Por qué no vamos a dar un paseo?

—¿Un paseo? Si acabo de llegar. Bueno, yo también te quiero contar cosas, pero ¿por qué no aquí que se está calentito?

Amparo contesta en silencio, haciendo mimos secretos con las manos para hacerle entender que no quiere que les oigan los hijos. Vicente accede, se pone su chaqueta, añade una bufanda y se dirige hacia la entrada. Aprovecha para dar un beso a cada hijo. Se para unos segundos delante del juego de Chema, notando una sensación extraña ante la concentración silenciosa de su hijo.

Salen a la calle y van caminado hacia El Corte Inglés. Las calles están llenas de gente comprando o disfrutando de una copita antes de cenar. El aire está frío. Las hojas de los árboles vuelan entre las mesas de los bares.

—Tenemos que cambiar a Chema de colegio.
—¿Cómo? ¿Qué ha pasado?
—Nada. Bueno, no lo sé. Solo he oído una conversación entre Vero y Chema. Bueno, más que una conversación, una pelea.
—Eso no parece grave. Es bastante normal ¿no? ¿Qué tiene que ver con el colegio de Chema?

Vicente sonríe. Está de buen humor. Percibe que la cosa no es grave. Los cotilleos y las peleas del hogar huelen a menudo a felicidad.

Amparo sigue sin hacer caso a la ironía de su marido.

—Se peleaban mirando los anuncios de Bibesa. Hace días que yo no compro nada de Bibesa. Me di cuenta al oír a Vero. Tantos años descubriendo en cualquier supermercado los cambios de lineales y las promociones, probando los nuevos productos... Es que la verdad cuando oyes sus anuncios, te da un... Bueno, pues no sabes el *show* que Vero le ha montado a su hermano. Casi le ha hecho jurar no volver a comer nunca más nada de ellos.

—¿Vero? ¿Vero ha montado un *show*? ¿Y qué tiene que ver con el colegio de Chema?

—Bueno, pues está claro que Chema lo pasa mal en el colegio. Algunos comentarios de sus amiguitos... Es que tú solo ves lo que te conviene. Yo no sé lo que le dicen en su clase, los compañeros y los profes. Pero yo sé que cuando voy por ahí... no tengo claro si ir o no a la reunión del AMPA...

—¿Qué pasa con los amigos de Chema? ¿Tiene problemas en el colegio? ¿Le dicen algo? ¿Qué le dicen sus amigos? Si quieres, iré yo a la reunión del AMPA. ¿Qué le dicen?

Amparo se queda callada. No sabe lo que dicen los amiguitos. De repente le preocupa haber encendido un pequeño fuego donde apenas había brasas. En realidad, le pasa a menudo.

Mujeres, esposas y madres. Conseguir que el hombre mire hacia dentro obliga a menudo a poner un foco sobre cualquier tema que asegure que se despierte. Y luego se puede liar la de Dios. Imagina a Vicente en la reunión del AMPA, con los preparativos de la excursión. Imagina los silencios de las madres que no tendrán el valor de preguntarle a él: ¿Cómo va todo? Pero en parte sabe que este tema es importante. Muy importante. Ahora sabe que no solamente es importante para ella, sino también para sus hijos. Para Vero, que parecía no preocuparse, y para Chema que es el pequeño. Llegado ahí, cualquier cosa es un incendio.

Vicente presiente algo de los pensamientos de su mujer. Simplificando, por supuesto. Es el momento de tranquilizarla dándole una buena noticia.

—Bueno, pues con un poco de suerte, volveré a llevarlo yo al cole y no tendremos que cambiarlo de colegio. Todo volverá en su sitio. Amiguitos, cole y tele.

—¿Te han cogido? ¿Te han cogido en la fábrica?

Vicente da un par de vueltas a su bufanda para protegerse del frío. Se da cuenta de que la buena noticia es compleja. Busca como abordar el tema, sin crear expectativas.

Qué complicado es explicar las cosas de la búsqueda de trabajo a su mujer... Se siente obligado a simplificar y cualquier simplificación resulta ser un engaño. Se pregunta cómo explicar e implicar, como dice su consultora.

—Lo que quiero decir es que, probablemente, acabaré trabajando cerca del colegio de Chema y, por lo tanto, las cosas volverán a su cauce. Lo que no sé es si acabaré trabajando en este nuevo proyecto o con... bueno, es que el día ha sido complicado. Muchas cosas buenas. Fui a comer con la peña de la asesoría...

—¿Tu amigo Pedro? ¿Que ni se le ha ocurrido invitarte a comer desde que estás en el paro?

—Pues sí, este. Tienen un contrato importante. Necesitan ayuda.

—¿Ahora necesita tu ayuda? ¡Al menos espero que te haya invitado a la comida!

—Sí, me ha invitado a comer. El proyecto es súper interesante.

Amparo mira a su marido frotándose los ojos.

—Pero vamos ver, ¿no te quedaste hoy el coche para ir a una entrevista para un puesto de DRH de la fábrica esta del polígono de la autovía del oeste? ¿Y ahora me dices que vas a trabajar con Pedro?

—No, no. Bueno, de momento no voy a trabajar con nadie. Y sí, he tenido la entrevista con los inversores de la fábrica. La entrevista ha ido muy bien. Luego aproveché el estar cerca para ir a comer con la peña.

Pasa la mano sobre el hombro de su mujer. Se paran un momento delante de la fuente de la plaza, mirando el agua y la gente que pasa. Su mujer le cuestiona:

—¿Y cuando llegaste, Pedro te ofreció trabajo? ¿Y no sabía que venías a comer, verdad? O sea, que, de no tener trabajo, ¿ahora tienes dos ofertas a la vez?

—Pues sí, de alguna manera sí. Aunque de momento no tenga nada en firme.

—Bienaventurado quien tiene dos velas. Si una se apaga, la otra le queda...

—Pues sí. Tengo dos velas. Estoy encantado. Pero bueno, también, no sé... Ha sido un día genial. Todo era interesante. Dos reuniones con cosas concretas, con proyectos. En fin, reuniones que sabes de qué tienes que hablar... Pero ahora tengo un lío, no consigo saber si estoy o no contento.

Amparo le corta la palabra:

—Pues vale. Cuenta. ¿De que habéis hablado? Es que... Vicente, a veces cuesta seguirte.

Vicente se sienta en el borde de la fuente. Desenreda la bufanda. El frío se ha ido. El ruido del agua le acompaña. Habla y explica lo de los inversores extranjeros, la fábrica, el papel de cada uno de los jóvenes ejecutivos presentes en la reunión, la sensación clara de ser la persona que ellos buscan, la sensación de seguridad de poder ser instantáneamente rentable al proyecto, añade lo que ve ahora y no dijo en la reunión. El doble convenio, las complejidades legales, la posibilidad de recurrir al artículo XX del estatuto de los trabajadores...

Al final, Amparo le corta:

—¿Pero no me estabas hablando de trabajar con Pedro?

—Sí, sí. Eso fue después. Es que me encantó el proyecto de Pedro. Pero cuando explico el proyecto de la fábrica, me doy cuenta que estoy entusiasmado. Sería más sencillo tener solo «una vela».

—Peuh, ¡qué desagradecido! Pues cuéntame esta historia de Pedro. Si puedes elegir, mejor. ¿Qué te ofrecen?

—No lo sé. La verdad es que no hemos hablado de dinero en ninguno de los dos casos. Pero no sé... claro, el dinero ayuda. Pero estoy hecho un lío.

Vicente intenta explicar el proyecto de Pedro. Intenta dibujarlo lo más atractivo posible. Su diversidad, su rol más allá de aspectos laborales,

Capítulo 4 · La televisión

incluso habla de su sueño de abogado, asesorar, aconsejar, guiar...

—¿Te da miedo quedarte sin ninguna oferta? o ¿quedar mal con alguien?

—Peuh... pues la verdad, algo así. O quizás no sé dónde lo haría mejor. Bueno, la fábrica es lo mismo que lo que hacía antes. Lo otro es nuevo, bueno, es volver a lo de antes... no sé. Cuando salí de la comida, tenía la sensación de estar ya trabajando con ellos... Escuchaban lo que yo decía y...

—¿Tienes miedo de equivocarte?

—Quizás, no sé. Sí, es eso, tengo miedo de equivocarme.

—Bueno Vicente, tampoco hay para tanto. Al final, es un trabajo. El primero que dice que sí, el primero te quedas. Bueno, no sé. ¿Pedro te propone un contrato fijo?

—No lo sé. Supongo que no. En los despachos no suele funcionar así.

Se levantan e inician el camino de vuelta a casa. Las tiendas están cerrando. Entran en la pastelería francesa a comprar pasteles para la cena. La dependienta está recogiendo. Los reconoce, sonríe, elige con ellos los pasteles que sabe que más les gustan a sus hijos. Cuando llegan a casa ya es de noche.

La casa está en silencio, la tele apagada y la mesa puesta. Chema está en su habitación haciendo sus deberes. Vero igual. Dos pizzas están en el horno, cociéndose a fuego lento. Amparo y Vicente se miran, levantan las cejas con cara de interrogación. Dejan los pasteles franceses encima del aparador y se sientan cada uno en su sillón.

Vicente enciende un cigarrillo y dice:

—Está claro. Aquí pasa algo.

Amparo contesta, con alivio.

—Ya te lo he dicho. Tenemos que decirles algo.

Vero y Chema aparecen, cada uno llevando una pizza.

—¿Cenamos?

Se sientan a cenar.

Vero corta las pizzas, se sirve y pregunta directamente:

—Como sabemos que tenemos que ahorrar, hemos decidido hacer una pizza con restos. Hemos utilizado poco aceite y hemos recuperado todos los paquetes abiertos de harina que estaban en el fondo de la despensa. El queso, también es una mezcla de varios trozos que quedaban en el *tupperware*.

Amparo mira a su hija que dirige la mesa. Trata de lanzar un debate sobre los ingredientes y las dudas sobre la mezcla de harina y de queso en la misma pizza.

Vero precisa:

—La mayor parte de los paquetes de harina son de marca blanca. Seguro que vienen del mismo fabricante.

Se queda en silencio y añade: —«Al menos, las marcas blancas no hacen anuncios engañosos...»

Vicente sonríe y comenta:

—No sé si muchas chicas de tu edad conocen las marcas blancas. Y tienes razón, muchas veces son igual de buenas que las marcas conocidas. Pero ¿qué pasa con los anuncios? ¿Por eso está la tele apagada?

La pregunta se queda sin respuesta. Chema sigue con la cabeza agachada y el plato vacío.

Vicente añade:

—Oye, esto de que tenemos que ahorrar, es una buena idea. Es verdad que no ganamos el dinero que ganábamos antes y en estos momentos, es mejor ir con un poco de cuidado. Pero estas etapas no duran toda la vida. Así que me parece muy bien que aprovechemos los restos de la despensa y que nos ayudemos un poco más que de costumbre. Pero no os tenéis que preocupar. Estas cosas pasan a todo el mundo, forman parte de la vida normal.

Vero se pone recta, añade queso, sal y pimienta a su trozo de pizza y contesta:

—Sabemos lo que está pasando. Y no nos dejamos manipular. Ni por Bibesa con sus anuncios, sus productos y sus promesas, ni por lo que nos contáis. He explicado a Chema que ahora no tienes trabajo. O sea que no tenemos dinero. Y que los de Bibesa fueron los que te quitaron tu trabajo. Y que a partir de ahora solo comeremos marcas blancas. No volveremos nunca más a comer productos de Bibesa, ni creeremos nunca más lo que dicen los anuncios de televisión. Y haremos nosotros mismos las pizzas, porque seguro que las que venden por ahí son medio mentira.

Amparo y Vicente se miran, dudando entre la preocupación y la risa.

Amparo decide abrazar a su hija, que se mantiene algo rígida ante el abrazo de su madre:

—Tu pizza esta excelente. Está claro que «no hay mal que por bien no venga». Las pizzas caseras son sin lugar a dudas mejor que las que venden por ahí. Ya sabía que mi hija era una buena cocinera. Ahora sé que es también una perfecta ama de casa. Y te vas a poner contenta, porque a lo mejor tu padre acaba trabajando para una fábrica de productos de marca blanca...

Chema levanta la cabeza. Se levanta. Coge un enorme trozo de pizza y pregunta:

—¿No tendré que cambiar de colegio?

Vicente frunce las cejas y pregunta:

—Oye, ¿qué es esta historia de cambiar de colegio? Yo iré a la reunión de padres de la semana que viene. Hablaré con la directora. Nadie cambiará de colegio.

—¿Tendrás trabajo la semana que viene?

Vicente deja sus cubiertos en el plato para soltar una palmadita a su hijo.

—No chaval. No creo que tenga ya trabajo la semana que viene. Pero hablaré con ellos igualmente. Aunque lo que dice tu madre es cierto. Con un poco de suerte, encontraré trabajo en poco tiempo. Pero no es seguro. Hoy he tenido un par de ofertas.

Mira como sus hijos muerden sus trozos de pizza en silencio, sin saber si el tema ha dejado de interesarles o si están esperando más información. El silencio se prolonga. Añade:

—Me ofrecen un trabajo parecido al de Bibesa, y también podría ir a trabajar con Pedro, mi amigo de la universidad. Me ha pedido que le ayude.

—¿Para qué?

Vero demuestra que sigue interesada.

—Para... bueno, el hecho es que ellos ayudan a empresas a conseguir dinero, o a hacerse más grandes. Representan a gente de fuera. Y no hablan inglés. Bueno, ya conocéis a Pedro. Era una idea que yo tenía desde que empecé a buscar trabajo. Trabajar con él y con su equipo. Somos abogados. Hemos estudiado juntos. Nunca he trabajado como abogado. Tiene un proyecto en el cual cree que podría ayudarle, como abogado.

Vero pregunta:

—¿Sabe tu amigo Pedro que tienes otra oferta?

—No. No era el momento. No era el momento de decírselo.

Chema no ha dicho casi nada desde el principio. No se siente cómodo con el tono de Vero. Siente la obligación de defender a su padre. Ahora que sabe que no cambiará de colegio, Chema está más tranquilo.

—Yo también a veces digo «no es el momento». En el fútbol. Cuando tienes dos partidos a la vez. No dices a ninguno que tienes otro partido. Y cuando sabes cuál te interesa, buscas una excusa y vas al partido que más quieres.

Su padre sonríe. Agradece la intervención de su hijo, que no solamente le apoya, sino sobre todo participa y entiende perfectamente la conversación.

Por ello, le contesta:

—Pues sí, lo mismo, lo has captado perfectamente.

Vero los mira a ambos, preparando su ataque y mordiendo los restos de costra de la pizza con fuerza.

—¿Cómo se sabe cuándo es el momento de decir algo a alguien? ¿Cómo se sabe cómo decir la verdad? Quizás el otro no piense lo mismo que tú. Quizás el otro considere que no decirle nada es engañarle. O tomarlo por tonto.

Amparo reacciona:

—Por favor Vero, ojo con la forma de hablar a tu padre.

Vicente mira a este trocito de mujer con cariño y orgullo. Le gusta su fulgor, su espíritu de justicia, su susceptibilidad y su perspicacia. Piensa un momento que sería un buen abogado. Su soltura, su energía y su belleza le ayudarían. E incluso su temperamento. Con su pelo azabache, su piel morena y sus ojos de color que varían entre el pan tostado y la aceituna, impresionaría a los jueces y a los implicados.

Coge un cierto tono dogmático y pedagógico para contestarle:

—Esto es un tema complejo. En la vida, aprendes que hay muchas verdades. Se aprende a elegir la manera de decirlo lo mejor posible para no herir a nadie...

Vero le corta la palabra:

—Pues no me parece bien que Chema decida solo el partido que le interesa y no diga la verdad a sus amigos que cuentan con él. Quizás si a los que le hacen la proposición de partido les dijera que tiene otro, encontrarían juntos una solución que serviría a todos.

Mira a su padre en los ojos y añade:

—Al final, has hecho lo mismo con nosotros. Nos explicas que cambias de trabajo. No nos dices que en realidad estás en el paro, que no tienes trabajo, que tu empresa tan maravillosa que se preocupa tanto de que la gente «se sienta bien» te ha echado sin preocuparse de nada, ni de ti ni de nosotros. Tampoco le dices a Pedro y a los de la fábrica que tienes otra oferta. Quizás ellos, o uno de ellos, se sentirían ofendidos si se diesen cuenta que les ha escondido la verdad.

Amparo interviene:

—Se hace así para no hacer daño al otro. Para no poner el otro en una situación compleja. Vuestro padre os ha dicho que cambiaba de trabajo. No ha querido decir «estoy en el paro», primero porque no está «parado» puesto que busca trabajo, y luego, porque no quería preocuparos.

Vero coge su cara adulta y sonriendo dice:

—Ya, vosotros decidís lo que es bueno para el otro. Decidís escondernos la verdad sobre lo que pasa en el trabajo de papá. Decidís que es mejor que sigamos comprando productos de Bibesa que sepamos la verdad. Decidís que podemos seguir igual cuando las cosas no siguen igual.

Es ella ahora la que coge un tono dogmático y pedagógico para añadir:

—Deja que el otro lo decida por su cuenta. Quizás te sorprendas de su inteligencia. Por ejemplo, cuando habéis vuelto del paseo, os habéis sorprendido de encontrar la cena y la mesa puesta. Y hacer una pizza es barato.

Amparo responde: —Bueno, es que esto debería ser cada día. Cada día deberíais poner la mesa y hacer la cena.

Capítulo 4 · La televisión

Vero se encoge de hombros. Se levanta y recoge los platos.

Chema retoma la conversación:

—¿Y cuál te gusta más?

—¿De los dos trabajos? No estoy seguro. Igual que tú con los partidos de fútbol... Quizá me falte información para poder elegir.

Chema coge el ultimo trozo de pizza que queda en la bandeja. Aparta su plato de las manos de su hermana que va recogiendo la mesa, cuando él no ha acabado. Ahora que su hermana ha vuelto a su rol de mujer de la casa, recupera su rol de hombrecito. Sus padres le hacen caso y Vero se ha callado.

—¿De qué es la fábrica?

—De helados.

—Guay. ¿De qué marca?

—De muchas marcas y de ninguna. Trabajan para las marcas.

Vero pregunta:

—¿Ponen anuncios? ¿No, verdad? Si trabajan para otros, son los otros los que dicen tonterías en la tele... ¿Qué tipo de helado?

—De todo tipo. Bueno, en realidad, tampoco lo sé. Es la fábrica que está cerca del cole de Chema.

Chema se queda con la boca abierta.

—¡Guay! ¿La de al lado? ¿La que tiene el tejado brillante? Se ve el tejado desde el patio. Guay.

—Bueno, nada está decidido todavía. A ver si al final no «juego en el partido» y ya hemos dicho a todo dios que vengan a verme... de momento, no hay que decir nada a nadie...

Vero se ha vuelto a sentar. Todo el mundo espera que Chema haya terminado su trozo de pizza para poder probar los pasteles de la pastelería francesa. Vero los ha puesto en una bonita bandeja que deja en medio de la mesa, a la vez que pregunta:

—¿Y los otros qué?

—Los otros... ¿Quién? ¿Pedro? Bueno, no es comparable. Los otros son, bueno, como si estás por tu cuenta. No ganas lo mismo cada mes. O sí, pero... nos conocemos desde hace muchos años. En realidad, sería otro tipo de trabajo. Diferente. Bueno, de momento veremos qué pasa mañana. Al menos, podemos probar estos pasteles con una gota de licor.

Chema ha recogido su plato. Se vuelve a sentar a la mesa y añade:

—Si vienes tú a la reunión de los padres, a lo mejor ¿ya sabrás si vas a trabajar en la fábrica de helados? Si lo sabes, ¿podrás decirlo a los demás? ¿Serás director? Es después del fin de semana, ¿verdad?

Vicente se sirve una copa de fino. Piensa en Pedro y en las reuniones imaginadas con María, la sindicalista disfrazada de ejecutiva. Quizás volviendo a ser un DRH de una gran empresa, tenga la posibilidad de reunirse con ella. Corta uno de los pasteles en dos, para darle la mitad a su hijo que ha recuperado el capricho y la sonrisa. Sonríe a su mujer. Mira a su hija, imaginándola con la toga de abogado.

—Mañana hablaré con la consultora de la fábrica. Y hablaré con Pedro. Le contaré lo de la fábrica. Si la fábrica me dice que sí, cogeré la fábrica. Y si no, iré con Pedro. Pedro lo entenderá. A ver si consigo cerrar el acuerdo con la fábrica rápido para poder decir algo en la reunión del AMPA. Y no te preocupes Chema, no cambiarás de colegio.

El día siguiente, Vicente tenía un *WhatsApp* de la consultora diciéndole que los inversores de la fábrica querían hablar con él esta misma tarde. Los acontecimientos se precipitaban y parecía que Chema y Vero influyeran en los astros. No le daba tiempo de ir a ver a Pedro. Trató de convencerse de que era mejor ver antes qué pasaba con la oferta de la fábrica.

Al llegar a la fábrica, se encontró con los dos jóvenes ejecutivos acompañados de una mujer, elegante y sonriente. María.

En el momento de saludarse e iniciar la reunión, María frunció las cejas y comentó:

—Al venir aquí, pensaba que nos volveríamos a encontrar. Pero desde luego, no imaginaba que nos veríamos aquí. Hace poco, estuve justamente hablando de ti con gente de por ahí...

La sensación de soledad que rodeaba la oferta desde el primer día desapareció. Ya no era un puesto «solo ante el peligro». Era una vuelta a la peña del pasado, con una identidad de directivo cuyas decisiones influirían sobre el desarrollo económico de la comarca. Conocía la asesoría con quien trabajaban los inversores, conocía los delegados sindicales y conocía a María. Era el hombre del puesto.

Tras cerrar la negociación, María y Vicente se fueron a tomar un *gin-tonic* para contarse la vida y los recuerdos.

Era tarde cuando Vicente llamó a Pedro. Pedro se quedó en blanco, hasta que finalmente dejase escapar una carcajada.

—No sé cómo lo has conseguido... te quedas con la pasta, la mujer y los amigos. Y además me arreglas la vida puesto que tú serás mi cliente. Bueno, soy un caballero y levanto mi sombrero. No sé quién te ha asesorado, pero felicítale de mi parte. Los grandes hombres no son los más inteligentes. Son los que saben asesorarse. Es el lema de nuestro despacho.

—Tienes razón. He sido bien asesorado. En parte por ti. Pero también por un equipo de profesionales de entre 12 y 16 años.

La parte oculta

La lectura de la historia por el consultor de carrera

La búsqueda de trabajo despierta todas las preguntas que esconde el trabajo: lo que uno soñaba de pequeño, lo que le gusta de verdad, lo que valoran los demás, su rol, su edad, sus prioridades entre trabajo y familia. La búsqueda de empleo es una búsqueda de sí mismo.

Pero un proyecto profesional abarca también al entorno. El entorno tiene sus deseos y sus expectativas. El entorno vive su propio debate de identidad.

El mundo del trabajo ha cambiado. Entrar y salir de una empresa forma parte de una realidad. Los hijos necesitan entender este cambio, aceptarlo y construirse una nueva imagen del trabajo de sus progenitores, donde la libertad, la independencia y la confianza supone ser capaz de tomar decisiones tomando en cuenta su entorno.

Las expectativas de toda la familia y de uno mismo tienen una especial relevancia ante la simultaneidad de ofertas de trabajo. Existe una paradoja entre lo que vive el interesado que tiene varias ofertas de trabajo y lo que vive su entorno:

Si se pasa de no tener trabajo a tener varias ofertas a la vez, todo el mundo piensa que el desocupado es una persona con suerte. En realidad, vive una encrucijada que puede llegar a ser una pesadilla. Tener varias ofertas es enfrentarse al riesgo de equivocarse. Es correr el riesgo de dejar una situación de «no trabajo», a la cual, bien o mal, se va acostumbrando, a dar un salto al desconocido.

A veces, puede resultar peor equivocarse que seguir sin trabajo.

Detrás de ofertas simultaneas, está la toma de una decisión que, quizás no compromete la vida, pero si la propia identidad, la de la esposa y la de cada uno de los miembros de la familia. Un nuevo trabajo significa para cada miembro de la familia imaginar un nuevo *modus vivendi*.

El cambio de funcionamiento de nuestra vida en el trabajo nos obliga a aclarar el sentido de lo que necesitamos y la búsqueda de un nuevo trabajo despierta preguntas necesarias. La simultaneidad de ofertas la acentúa. Los anuncios de televisión pueden viciarlas.

La lectura de la historia con la mirada terapéutica de un psicólogo de pareja

La situación de no trabajo ofrece aquí una oportunidad de intercambio, no solamente entre la pareja, sino también con sus hijos.

Sea cual sea el sistema de la pareja, es un sistema donde no se percibe rigidez en los papeles. Suponiendo que Vicente adopte un rol masculino «tradicional» proveyendo a la familia el sustento, y que Amparo adopte un rol femenino cuidando a sus hijos, se percibe una flexibilidad, difícil al inicio, pero donde progresivamente los roles «bailan», sin aparente dificultad.

La particularidad de esta historia es que «el grano de arena» del desempleo sirve de palanca al intercambio: el impacto del no trabajo en el sistema restablece un diálogo en la familia.

La comunicación entre ellos antes de ese día no parece haber sido fácil. Amparo vive desde hace tiempo situaciones difíciles ante la mirada de su entorno social. Vicente lleva varios meses desempleado. El impacto de la pérdida del trabajo es aquí especialmente importante para el sistema familiar.

Sin embargo, se percibe un esfuerzo de equilibrio en los roles, en la comunicación, en los papeles activos y/o pasivos. Vicente explica a Amparo, Amparo se esfuerza en escuchar y comprender. El sistema existente permite a los hijos expresar lo que sienten.

La expresión de los hijos da pie a una comunicación entre todos. Es una situación difícil, pero donde cada miembro se esfuerza por agilizar el sistema.

En este funcionamiento, el sistema se abre, sus miembros crecen y los vínculos salen reforzados. La pérdida de empleo no ha hecho los roles más rígidos. Mas bien, las identidades y los roles de los hijos han crecido.

> **Consejo** · *Abordar junto a los hijos las dificultades de la vida profesional es darles recursos para su futuro.*

Capítulo 5 · La cerveza

> Que no busque trabajo
> no significa que no quiera trabajar.
> Significa que tiene contradicciones
> que son coherentes.

La historia

Un rayo de sol se escurre entre las cortinas, intentando despertar a Nicolás. Calienta su mejilla y poco a poco se extiende hasta los pies. Alumbra el borde de la cuna, justo donde están los dedos del pie izquierdo. El niño levanta el pie. Intenta escapar a las cosquillas del sol. El rayo insiste, bailando con los movimientos del pie. Dibuja imágenes sobre los bordes de la cama, entre las puntillas blancas y los lazos azules, añadiendo estrellitas plateadas a los dibujos de las sombras.

Nicolás abre los ojos, observa un ratito la luz y las estrellitas y agarra decididamente el pie con la mano. Aprieta fuerte, lo suelta. El pie se escapa, la luz también. Vuelve a empezar. Se concentra en los juegos de la luz, del pie, de las sombras y de sus imágenes. Solo es cuestión de insistir.

Oye a su madre empujar la puerta con suavidad. Siempre hace lo mismo. Entra sin ruido para no despertarle cuando en realidad viene a despertarle sabiendo que ya está despierto. Nicolás tiene sus grandes ojos negros abiertos, iluminados por la partida secreta que acaba de jugarse entre su pie y la luz. Sonríe a Johana invitándola a seguir adelante con sus intenciones de abrazarlo, acariciarlo y prepararle el desayuno.

Johana se coloca a Nicolás en la cadera y se dirige a la cocina. El ordenador cintila, avisa que hay un mensaje entrante. Cambia a Nicolás de cadera para recuperar la mano, apretar la tecla y leer el mensaje. Tiene una entrevista a las 13 horas en el centro de la ciudad. Mira la dirección, busca reconocer a qué oferta se refiere. Nicolás formula su desacuerdo ante este contratiempo a su desayuno. Johana accede. Lo primero es lo primero. Deja el ordenador y vuelve a la cocina para comprobar la temperatura del biberón ante la sonrisa paciente y comprensiva de su hijo. Nicolás disfruta de la leche templada, mientras su madre repasa mentalmente los últimos anuncios a los cuales ha contestado, tratando de elegir entre lo posible y lo deseado.

Recuerda una oferta que le llamó la atención. ¿De qué iba? Algo le había hecho dudar... o al revés... algo le había gustado. O a lo mejor se confundía. ¡Ah! Y se olvidaba del CV que había enviado ayer a la oferta que le había pasado Juan. Era un puesto temporal. Una baja de maternidad. ¿Para qué meterse en un puesto que no iba a durar? Si no le gustaba, estaría peor después que antes. Y si le gustaba, estaría también peor. Lo más seguro, era que podía ser peor. ¿Para qué contestar a una oferta en la cual tienes miedo de que te contraten?

Capítulo 5 · La cerveza

Bueno, los compañeros del grupo la habían convencido. Hay pocas ofertas. Todo el mundo coincide con esto. O al menos todo el mundo dice lo mismo. La tele, las conferencias, los periódicos y los participantes del grupo de trabajo al cual se ha apuntado Johana. Solo que lo que cada uno llama «poco» es muy variable. Todos consideran a Johana una afortunada. Johana contesta aproximadamente seis o siete ofertas al mes. O más. Antes de estar en el paro, también contestaba a ofertas. Algunas las encuentra ella, otras se las proporciona Juan. Cada vez más. Era enervante esa capacidad que tenía Juan de encontrar ofertas que ella no había visto.

Antes de salir de la empresa, esperaba conseguir cambiar sin tener que forzar su salida. También era el consejo de todos. Mejor buscar desde dentro que desde fuera. Tuvo varias entrevistas; algunas patéticas, entre aviones y biberones. Se encontraba con consultores que intentaban venderle a toda costa un puesto o una empresa. O peor, los entrevistadores no parecían saber cómo sacar partido a la entrevista. En cualquier caso, siempre era ella la que cuestionaba y filtraba. No intentaba gustar. Solo averiguar cuántas horas de viaje se requería, qué tipo de objetivo y el porqué de la vacante.

En la única entrevista que tuvo con una oferta interesante, al cabo de media hora le habían dicho que su CV no reflejaba lo que era, que no tenía el perfil del puesto y que era más eso que lo otro, y no sé qué más. Johana estaba de acuerdo. Con todo... y disgustada. No le gustaba su CV, ni su *LinkedIn*, ni sus cartas. Era incapaz de arreglarlos, o en cualquier caso le ponía de un humor de perros intentarlo. Se acordaba regularmente de una frase de uno de sus compañeros del grupo: «Para hacer soñar, hay que soñar uno mismo». Ella no soñaba. Solo temía. Y si soñaba en algo, era claramente en puestos de trabajo imposibles. Eso decía Juan.

A raíz de sus críticas sobre sus documentos, Juan había trasformado su CV, retocado su *LinkedIn*, tratando de demostrarle lo bueno de todo lo que había hecho. Johana no acababa de entender por qué ella misma se ponía tan insoportable. Cuando Juan no preguntaba, porque parecía no importarle nada, y cuando arreglaba sus documentos, porque parecía que la consideraba incapaz de hacer nada. Se sentía injusta, incoherente, incomprendida e inaguantable. Se quejaba de las ausencias de Juan, de su locura por su trabajo, de sus incoherencias como padre, y se prometía una y otra vez dejar de ser insoportable. No tenía motivos para quejarse, era la mujer más feliz del mundo, con el hijo más inteligente del universo. Reconocía que solo se sentía feliz cuando estaba a solas con Nicolás. Disfrutaba de su tiempo, de la habitación, de los armarios, abriendo y cerrando las cortinas azules, moviendo la cuna para ver donde entraba mejor la luz, o donde Nicolás quedaría más protegido del sol. Repasaba la ropa todavía grande que tenía guardada por ahí, haciéndole probar un pantalón o una camisa. Nicolás se prestaba con paciencia a estos juegos de muñeca, removiendo las piernas y los brazos para dar vidilla a la partida de ensayos. Johana se maravillaba de la curiosidad de su hijo por los colores, los ruidos y los sabores. Le hacía probar de todo: quesos, chorizos, música clásica, arte moderno y guitarra española.

Disfrutaba del espacio de la siesta, navegando por internet, entre la pereza y la nube. Fingía buscar ofertas. Leía los avisos conseguidos a través del trabajo meticuloso de Juan para el posicionamiento digital de Johana. Más bien hablaba con amigas lejanas, leía el periódico, repasaba las noticias internacionales

Capítulo 5 · La cerveza

y económicas. No tenía energía para nada. Pero entre las cortinas y los trocitos de chorizo, le resultaba cada vez más difícil salir de casa. Nicolás requería mucho de su tiempo, con inmensas recompensas. Juan le reprochaba su aislamiento, insistiendo en que el *networking* es la única manera de buscar trabajo.

Ahora, asistía a las reuniones del grupo *JobFriend*. Salía de casa. Hablaba con personas. Y no solo con Nicolás. Juan no veía claro la utilidad de estos encuentros semanales entre buscadores de trabajo que comparaba a grupos de alcohólicos anónimos. Pero la veía algo mejor y, sorprendentemente, Johana estuvo de acuerdo con la idea de hablar con Bernat de sus «empanadas mentales». De hecho, la idea de hablar con Bernat ya le había pasado por la cabeza. Llevaba tiempo pensando en ello, sin encontrar razones para ello. Por una vez, Johana y Juan habían acordado que a veces, es más fácil entenderse con los de fuera que con los de dentro.

Llegó con retraso a la cita con Bernat. El lugar estaba algo escondido y Johana iba despistada. Él estaba sentado en un rincón de un patio sombreado, mirando su móvil y acabando una cerveza.

—Siento llegar tarde. Me ha costado llegar. Tu teléfono sonaba ocupado.

—No pasa nada. No tengo prisa. ¿Qué tal la entrevista? —pregunta Bernat levantándose para abrazar a Johana.

Johana sonríe y contesta con aire desenfadada.

—Bien... No sé. No creo que me cojan.

—Vaya, mejor tomárselo así. No se te ve muy entusiasta. Ni muy disgustada.

—¡Bah! No te creas. El puesto no está mal. No ha sido una mala entrevista. Comparada con otras... Pero bueno, no lo tengo claro y, además, creo que en su lugar yo no me cogería. Ya sabes.

Se sientan y Bernat llama al camarero para un par de cervezas más. Se instalan en la sombra. El lugar esta apartado de la calle y se respira tranquilidad. Un patio recubierto de laureles, con una pequeña fuente de agua que sustituye el ruido habitual de los coches por el susurro de un mini oasis. Un regalo de paz en medio de la ciudad.

—Este lugar es chulísimo. No lo conocía.

—Se está tranquilo y se come bien. Además, podemos estar aquí hasta tarde. No tengo nada que hacer hasta las 17 horas. Así que tenemos tiempo para charlar. ¿Qué tal están tus chicos?

—Bien, bien. Ambos. Juan se ha ido a Madrid para una reunión de grupo. Están locos en esta empresa. Cada vez es peor. Bueno, supongo que la fusión no arregla nada. Trabaja como un loco. Pasa media vida en Madrid. Pero bueno, lo veo muy contento con su nuevo proyecto. Está mucho mejor que antes. Tiene sus ventajas. Así no me persigue con ofertas de trabajo. Juan es un obseso del trabajo. Solo piensa en el trabajo. Yo estoy en plan tranquila. Con Nicolás... no es mala vida... ni mucho menos. Si no fuese por eso de buscar trabajo, estaría más feliz que nunca. De hecho, en esto no están de acuerdo.

—¿Quiénes? —pregunta Bernat.

—Juan y Nicolás. Juan está obsesionado con mi búsqueda. Al revés, Nicolás no tiene ningún interés en que encuentre trabajo...

Ambos se ríen. Bernat conoce a Johana y Juan desde hace años. Originalmente es amigo de Juan. Se conocieron en el instituto y volvieron a entrar en contacto casualmente, posiblemente por vivir en barrios cercanos de Barcelona. Se ven a menudo, fin de semana, fin de año, fin de verano... La mujer de Bernat es enfermera y Bernat trabaja en la Facultad de Medicina. Ambos trabajan en el sector público, vinculados al mundo de la salud. Las dificultades de Johana con la búsqueda de un hijo, la enfermedad de su madre y finalmente el nacimiento de Nicolás, consolidaron su amistad. No están muy al tanto del mundo empresarial donde trabajan Juan y Johana, pero demuestran una especial curiosidad por el mundo de la empresa privada.

—¿De qué iba la entrevista? Vienes directamente de ahí, ¿no?

—Bueno, un consultor de selección. De hecho, no lo tenía muy claro. He ido sin saber muy bien de qué oferta se trataba... La verdad es que la entrevista de hoy ha ido mejor que de costumbre. Creo que porque no la había preparado con Juan.

—¡Cómo son las mujeres! Desde luego, me sorprende que se vaya a una entrevista sin saber de qué va. Pero tu mundo es así supongo.

—Contesto a muchas ofertas. Probablemente demasiadas. Y ahora más que antes. Por si acaso... Todo porque todo el mundo me manda ofertas. Juan no para. Ni le he comentado el proceso de selección de hoy. ¡Y eso que fue él quien me mandó la oferta!

Prueba la cerveza helada y pica una aceituna:

—Estas aceitunas son impresionantes.

Pica otra.

—¿Y vosotros? ¿Cómo acabó la cena de la semana pasada? ¿Mucho follón para recoger?

Tras hablar un rato de la cena, Bernat vuelve al ataque:

—Juan quiere ayudarte. Está siempre fuera. Te considera una súper profesional. Supongo que no entiende porqué no encuentras trabajo. Debe pensar que te subvaloras... No entiende tus «empanadas»...

—En esto estamos de acuerdo... bueno, veo que se habla de mí a mis espaldas... No le cuento todo lo que hago. Se pone muy pesado. No para de darme consejos. Parece que no tenga ni idea... Para cada entrevista, me pregunta qué voy a decir, me da todos los argumentos posibles, trata de convencerme que cualquier oferta es perfecta para mí.

—Vaya, está claro que las mujeres son complicadas. ¡Si el marido no quiere que trabaje su mujer, es un machista y si la empuja a trabajar, es un negrero!

Johana lo corta:

—¡Hey, hey! No he dicho que sea un negrero. Además, no tiene que empujarme para que quiera trabajar. Yo quiero trabajar. No es culpa mía si no encuentro. Parece que piense que lo hago todo al revés... bueno, exagero... Pero desde luego, creo que he ido más relajada a la entrevista de esta mañana porque él no lo sabía...

—¿De qué iba la entrevista?

Johana toma un sorbito de cerveza, se pone sus gafas de sol y mira al cielo:

—Me lo he montado sola... sin decirle nada. Incluso, decidí llamar a mi suegra esta mañana. Se ha quedado con Nicolás toda la tarde. No sé por qué no lo había hecho antes. Mi suegra es un encanto, adora a Nicolás y nunca dice no a nada... Debería hacerlo más a menudo...

Vuelve a mirar a Bernat.

—La verdad, es que no veía claro hablar yo con mi suegra. Y menos para cuidar a Nicolás porque voy a comer contigo. Pero bueno, también tenía la entrevista... No suelo hablar yo con ella directamente. Además, cuidó tanto a Nicolás durante sus primeros meses que tengo la sensación de haber agotado el derecho a ello.... No quiero abusar. Pero me ha dado la sensación de que estaba encantada...

Hace un movimiento de hombros. Se rasca ligeramente la cabeza:

—Me parecía que esto debía hacerlo Juan.... Bueno, hoy ha sido diferente. La he llamado yo. He hablado directamente con ella... la verdad es que ha sido muy fácil. No sé qué opinará Juan...

Johana sigue sus pensamientos. Bernat pica aceitunas y patatas fritas. Decide no insistir sobre la entrevista. Parece que el tema vaya por otro lado.

—Total, tienes una suegra encantadora que cuida de tu hijo cuando lo necesitas, un marido que se larga toda la semana y te deja hacer lo que te da la gana, quieres trabajar y quieres cuidar de tu hijo. Y tienes un amigo que te invita a comer y aguanta tus empanadas atiborrándose de aceitunas, sin que nunca contestes a sus preguntas. ¡Las mujeres sois la ostia!

—¿Cómo que no contesto a tus preguntas? ¡Eh!. Mi marido no me deja en paz media semana. Cuando está en su hotel mira las ofertas en internet y repasa mi *LinkedIn*. Tengo la sensación de tener un profesor que me pone notas y critica mi rendimiento.

—¡Bah! Eres una exagerada. Se preocupa por ti. Y le sabe mal dejarte sola. Seguro que deberías contarle que gracias a que se haya ido de viaje, tienes una sensación de colegiala liberada. Quizás con esto se quede más tranquilo. Y no te busque ofertas. Dile también que su madre es un encanto... Bueno, y ¿de qué iba la entrevista?

—Una baja de maternidad. Un puesto de *marketing*. Te cogen cuatro meses y te tiran.

—Bueno, al menos demuestra que en esa empresa no tienen problemas con las madres con hijos...

—¿Qué quieres decir? No son las empresas que tienen problemas con las madres con hijos. Son las madres las que tienen problemas. Son ellas las que deben conciliar. Es el empleado el que tiene un problema. A la empresa le da igual...

El tono ha perdido su fondo ligero. De golpe, Johana parece, si no enfadada, resentida.

Bernat no acaba de entender el porqué de ese súbito cambio y menos el contenido de lo que acaba de decir.

—Bueno, yo creía que las empresas descartaban a las mujeres con hijos... o eso me pareció entender cuando hablabais el otro día con Manuela y Marta.

—Por esto no estábamos de acuerdo. Ellas opinaban que lo mejor es no decir nada e intentar evitar que sepan que eres madre. O sea que tengo que buscar trabajo escondiendo a Nicolás. Yo no opino igual. Yo digo la verdad. No pienso esconder a Nicolás. Y creo que hay que ser sincero en las entrevistas. De hecho, me gustaría que me eligieran por mi sinceridad. Si no dices la verdad, corres el riesgo de equivocarte. Yo desde el inicio les dije que Nicolás era mi prioridad. Que no pensaba estar de viaje a todas horas. ¡Esto no impide ser positiva y saber venderme!

Bernat coge la última aceituna. Se apoya confortablemente en su silla, levanta las cejas y mira a su amiga con una mezcla de sentido del humor y de escepticismo. Se oye un grillo en los laureles. El patio huele a agua y hojas mojadas. Las aceitunas partidas pican e invitan a más cerveza. El camarero sirve la comida y Bernat pide más cervezas. No se sabe muy bien si esta pausa procede del hambre o del escepticismo de Bernat. Johana disfruta en silencio del queso de cabra, untando las hojas de ensalada, añadiendo aceite, limón, sal, pimienta, orégano. De todo. Una sinfonía de sabores.

Al cabo de un ratito, Bernat añade:

—Pues sí que tenías hambre. Si quieres, te pido otra ración. O más queso...

—Es que está buenísimo. ¿Quieres probar?

—Quizás me hubiese gustado. Pero no queda. Acabas de tragar medio queso en medio minuto.

Ante la vuelta al sentido del humor, se atreve a volver a la conversación.

—O sea que les has dicho que tenías un niño y que tu prioridad era cuidar de él. Luego entiendo que le has explicado que no tenías ni idea de *marketing*. Pero que no era ningún problema. Anda Johana, calla y come. A ver si este *tartar* te devuelve el sentido común que te ha quitado el queso de cabra.

Johana se ríe. La cerveza hace efecto.

—Dicho así, queda francamente cómico, tienes razón. Lo único que tenía de bueno esta oferta es que era un puesto de *marketing*. Y que me llamaron. Bueno, no entiendo por qué me han llamado. Buscan una persona para *marketing* y no tengo el perfil. No soy de *marketing*, pero estoy convencida de que podría trabajar en eso. La entrevistadora era simpática, pero no puedo demostrar lo que no hay.

—O sea, a ver si me aclaro. Quieres trabajar en *marketing*, pero no sabes de *marketing*. No sabes cómo conciliar Nicolás con el trabajo, tu marido contesta a las ofertas por ti y te deja sola en Barcelona. Pero te gusta el queso, las aceitunas y la cerveza. Y te llevas bien con tu suegra. Bueno, ya es algo. La gente de *marketing* ¿qué opinan? ¿No tiene Marta un hermano en *marketing*?

—Sí. Lo he pensado. Como muchas otras cosas. Hay muchas cosas que podría hacer. Pero no lo consigo.

Johana suelta el tenedor y mira el *tartar*. Deja caer las manos en las rodillas.

—Hoy es un buen día... he tenido una entrevista, estoy comiendo contigo. Lo normal es que me quede en casa con Nicolás. Si consigo enviar un CV durante el día, tengo la sensación de haber cumplido con mi obligación. Sobre todo, porque mi CV es... no sé. Dice justamente lo que no quiero ser. Lo ha hecho Juan. Yo era incapaz de hacerlo. Todo el mundo me dice que está súper bien hecho. Al menos, ahora lo tengo. Lo envío a los que me lo piden. Juan se puso súper pesado con esto. La gente me pedía uno, pero no tenía.

No había manera de meterme en ello. No contestaba. Esto quedaba mal. Así que lo hizo él. Un CV perfecto.

Bebe un sorbo de cerveza y mira a Bernat con una mezcla de confianza, burla y cansancio:

—Total, la gente ve que soy una comercial de exportación, dispuesta a vivir en aviones, para vender productos que básicamente ensucian el planeta. Así que contesto a lo que sea... bueno, quizás últimamente filtre más... Seguramente las mejores ofertas son las que me encuentra Juan. En vez de agradecérselo, me siento fatal. No tengo ganas de nada más que de jugar con Nicolás. Antes las tenía. Ahora no. Quizá no quiero volver a trabajar. No tengo ni idea. Quizá lo que me apetece de verdad es ser una buena esposa, esposa de mi marido ejecutivo, participativa en las reuniones de padres del colegio... no sé si esto le gustaría mucho a Juan. Y yo necesito trabajar.

Bernat se queda en silencio. Añade mostaza a su tartar, alternando la cerveza con el picante. Johana es consciente de su manejo del silencio y añade:

—Me llaman para ofertas que no me interesan. Voy a las entrevistas. A ver. Soy yo la que elijo. Bueno, en realidad tampoco elijo. Busco donde está la trampa... En realidad, ven que no quiero trabajar. Bueno, en realidad quiero trabajar. Solo unas horas. A tiempo parcial. Para estar con Nicolás. Si no fuese por la búsqueda de trabajo, sería la mujer más feliz del mundo. Ahora tengo el tiempo que necesitaba para disfrutar de él... esta mañana lo he encontrado jugando con las sombras. Miraba su pie cambiar los dibujos de la pared... no me quiero perder eso. Me siento fuera de todo. Como si los demás estuvieran en un tren de alta velocidad y yo inmovilizada en el arcén.

Bernat le sirve un vaso de agua. A pesar de la sombra y de la fuente, hace calor y las cervezas con el *tartar* no son tan refrescantes. Toma su aire concentrado y serio para contestarle:

—No creo que no quieras trabajar. Supongo que quieres trabajar en un trabajo donde no tengas que viajar tanto como antes, porque quieres estar con tu hijo. Visto así, no parece tan complicado. Ni dramático... Aunque yo creo que no te disgustaba viajar. Cuando volvías, siempre nos contabas anécdotas y parecías pasarlo bien.

—Es verdad. Me encantaban los análisis de campo para buscar nuevos mercados. Me encanta ver gente. Pero al final fue un infierno. Solo me mandaban de viaje para fastidiarme. No quiero que esto me vuelva a pasar.

—¿De qué depende?

—Puf... yo que sé... ¿De qué depende? De la empresa. De cómo sea la empresa. Esto no lo sabes nunca antes. Es como casarte sin conocer a tu marido. No sé si en alguna empresa de hoy exista alguna garantía de que esto no pase. Nunca están claras las ofertas. Hoy era una multinacional. Imagino una estructura matricial. Matricial... ¿de matriz o de madre? Total, nunca sabes quién es tu jefe. Cuando no te echa la culpa uno, te la echa el otro... le he preguntado varias veces cómo definían los objetivos. Todavía estoy esperando la respuesta. Los consultores nunca saben nada de lo que se les pide. Solo quieren cubrir el puesto y facturar sus *fees*.

Bernat vuelve a la técnica del silencio. Esta vez, parece estar pensando. Incluso concentrado.

—No pensaba que esto fuera posible.

—¿Qué?

—Verte enfadada. Estás enfadada. No sé muy bien por qué. Eres una mujer alegre, optimista, activa. Aparte del queso de cabra, te gustan mogollón de cosas. Siempre sorprendes a todo el mundo con tus conocimientos, sobre todo, incluso sobre cosas que no sirven para nada.... Y ahora estás enfadada. Porque las empresas no dejan a las mujeres trabajar y cuidar de sus hijos, porque tu empresa te obligó a viajar sin parar, porque algún jefe te habrá amargado la vida, porque no te dejaron disfrutar de tu hijo, porque no encuentras ofertas que te gustan, porque Juan te busca ofertas. Eres una mujer inteligente, y si estás enfadada, habrá razones para ello. Pero lo que no sé, es qué se debe hacer para arreglar este enfado.

—¿Es grave doctor? —Johana sonríe. Con algo de brillo en sus ojos. Mezcla de cerveza y descanso.

—No creo que sea grave. Creo que tenemos que encontrar la manera de quitarte este enfado.

—¿Y mientras tanto no busco trabajo? ¡Yupi!

—No soy nadie para decir lo que voy a decir. Pero creo que quitarte el enfado es...

—¿Qué?

—... buscar trabajo.

Las cervezas se han acabado. El patio está ahora medio vacío. Bernat y Johana beben agua y café. Se oye la fuente de agua con más nitidez. El grillo se ha callado. Un grupo de varias chicas acaban de levantarse. Una de ellas insiste en que es tarde. Que tienen que salir corriendo al aeropuerto. La otra recoge la bolsa de su ordenador, despliega el manillar de su maleta con ruedas y coge su teléfono móvil. El teléfono suena, lo mira, lo cala entre el hombro y la barbilla

—Hola cariño. ¿Qué tal estas?... sí, sí. Ahora cojo el avión. La reunión con el cliente es mañana por la tarde. Eres un sol. Mil gracias por acordarte de ello. Ya te contaré. Nos vemos mañana...

Johana se gira hacia Bernat: —¿Crees que es posible trabajar en algo internacional sin viajar?

—¡Jo! ¡Qué buena pregunta! Al fin, hablamos de trabajo. Juan estará contento. Pues está claro, para esta

pregunta no tengo ni idea. Vámonos por ahí a buscar un postre. Un paseo nos ayudará a digerir tanta cerveza. Veremos si se nos ocurre alguien apropiado para contestar a ello, que no sea ni Juan, ni....
—¿Quién?
—Mejor que no sea Nicolás.
Se ríen. Salen del patio, del restaurante, de la sombra y del agua. Compran un *massini* en una pastelería cercana. Siempre viene bien un poco de dulce.

La parte oculta

La lectura de la historia por el consultor de carrera

Johana no está «disponible» para un nuevo trabajo. Se siente vulnerable. Encontrar trabajo sería perder la recompensa de Nicolás.

Su marido Juan es racional. Se preocupa por su mujer. Trata de ayudarla, ignorando la realidad del problema.
Bernat reconoce la realidad del problema. No intenta convencerla. Deja que ella hable de lo que vive: de su hijo, de su suegra, de su marido y del miedo que tiene a algunos contextos de trabajo.

La capacidad que tiene una persona para encontrar trabajo no depende únicamente de su preparación, formación, experiencia, competencias, edad, o de otros criterios objetivos, técnicos, económicos o de estadísticas sociales sobre grupos privilegiados o de riesgo. El modo con el cual uno percibe su situación es el elemento clave del éxito de su proceso de reincorporación al mundo profesional.
La situación de no-trabajo proporciona beneficios. A veces, estos beneficios son difícilmente compensables

por los riesgos de volver a trabajar. Con Nicolás, Johana se siente útil. Perder este beneficio, para correr el riesgo de volver a una situación difícil, no tiene nada estimulante.

Si esto es lo que vive una persona, le resultará difícil hacer un *curriculum vitae*. Ser capaz de hacer un CV no es solo un tema técnico: es un termómetro de la capacidad de una persona de proyectarse en el futuro.

Juan ayuda a Johana a hacer su CV con la mejor intención del mundo y solo consigue demostrarle que no entiende nada de lo que está pasando. Al ser pareja, el corazón y la imagen que el otro devuelve lo tuerce todo. Deseamos que nuestra pareja entienda lo que nos pasa. Intervenir en la forma puede ser percibido como que no se entiende nada del fondo, aunque se tenga la mejor intención del mundo.

Bernat es un amigo. Es un buen contacto. Sabe escuchar. En términos de «gestión de la red de contactos», es un buen contacto, bien gestionado. No conoce el sector, tampoco el perfil, no tiene contactos ni influencia aparente. Pero es la persona adecuada en el momento adecuado. Gestionar su red de contactos, es saber elegir a quién ir a ver, en qué momento y para qué objetivo. Como, por ejemplo, el saber pedir a la abuela que cuide a Nicolás un día a la semana.

La lectura de la historia con la mirada terapéutica de un psicólogo de pareja

No es sencillo identificar aquí los roles existentes en la pareja de Juan y Johana. La historia se centra exclusivamente en lo que vive Johana. No tenemos el punto de vista de Juan. Sin embargo, podemos identificar comportamientos que permiten construir una hipótesis de pareja y de la interferencia de la búsqueda de trabajo en el sistema.

En este sistema:
Juan cuida a Johana. Johana cuida a Nicolás.
Quizás, antes de Nicolás Johana aceptaba satisfecha la posición «maternal» de Juan. Juan asumía el rol «iniciador» maternal y Johana el rol «complementario» de protegida. Ambos encontraban con ello un «remedio» a sus necesidades fundamentales comunes y compartidas.

Este sistema de pareja supone a menudo la necesidad de un placer inmediatamente satisfecho por parte del complementario-protegido. La impaciencia suele ser bastante característica de la pareja. La persona debe todo al otro y en cambio el otro debe pertenecerle totalmente.

El nacimiento de Nicolás puede haber interferido en el sistema, así como la situación de desempleo de Johana.
Este cambio de sistema no es fácil para nadie:
Johana tiene dificultades para enfrentarse a ciertas frustraciones: «las empresas no se preocupan de las mujeres, Juan no actúa correctamente, el injusto mundo del trabajo...». Busca satisfacción creándose una burbuja con su hijo. Juan le pide cosas que ella no quiere hacer. Lo único que le satisface es su relación con su hijo.
El sistema establecido en la pareja ha cambiado. Varios granos de arena han estropeado un motor que hasta ahora funcionaba. La situación de no-trabajo es uno de ellos. No el único.

Consejo · *No busques trabajo en su lugar. No te metas en sus métodos de búsqueda.*
Pregúntale si necesita el coche, una tarde disponible o el uso del despacho… Antes lo práctico que lo teórico.

Capítulo 6 · La comida del domingo

> La familia ¿freno o motor
> para la búsqueda de trabajo?

La historia

Las campanas de la iglesia llaman a misa. Es domingo y está lloviendo. Hoy toca ir a comer a casa de sus padres. Lleva semanas evitando los encuentros familiares, sus miradas, preguntas, o peor aún, sus silencios. Hoy no hay escapatoria.

Se concentra otra vez en la sinfonía de las campanas. Habitualmente disciplinadas y rigurosas, las campanas solo se sueltan antes de la misa, cantando todas a la vez sin ritmo ni regla. Las campanas de las iglesias son un recuerdo de la infancia y un canto para la armonía del fin de semana en familia. Suena a edredón, café con leche y pijama de terciopelo.

Solo en el comedor, Alfredo saborea su café oyendo las campanas. Se concentra, tratando de olvidar la comida familiar de este día de lluvia.

Hace más de tres meses que no ve a sus padres y quince meses que lo han despedido y que no tiene trabajo. Cierra los ojos.

Es difícil saber cuántas campanas suenan a la vez. Tres, quizá cuatro. Intenta concentrar el oído sobre cada una de las campanas y solo oír una. Separar una copa de metal, distinguir el badajo que percute sobre la copa y luego seleccionar otra. Diferenciar la aguda que anuncia los cuartos de hora, la mediana que debe ser la de las horas, y la grave que solo parece salir de su caja para los difuntos. Intenta averiguar si suena una cuarta, una desconocida que añade al sonido de sus hermanas una soltura ligera, alegre y festiva, reservada a la llamada a misa.

Oye a su hijo moverse en el cuarto de baño. Mira la hora. Decide vestirse. E irse a misa.

La lluvia cae suave y fina. Se oye el ruido lejano de la circulación. La calle está vacía. Entra en la iglesia. Saluda a unos vecinos del barrio. Un saludo discreto y amable. Alfredo se coloca en el fondo de la nave, a la derecha. Como lo suele hacer el que pasa y desea escuchar la misa, no por rito dominical, sino más bien porque hoy, ha decidido ir.

No sabe muy bien por qué ha decidido ir. Para rezar. Sobre cosas o sobre nada. Otra duda del feligrés que decide ir a misa de manera imprevisible: rezar por algo, rezar por nada, no rezar, dejarse ir. La tentación es dejarse ir y seguir a la comunidad, concentrándose en las palabras, en los cantos y en el órgano. No pensar en nada y desconectar. También está el deber de rezar para mejorar y por los demás. Por su familia, por sus padres, por la comida de este medio día, por la política, por sus hijos. Por un milagro sencillo, como por ejemplo un encuentro inesperado que le abriría la puerta al trabajo perfecto. Encontrar sin tener que buscar. Elegir sin decidir.

Tiene pereza. Se apoya contra la pared y se deja llevar. La reunión con la correduría de la semana que viene podría ser una oportunidad. También le da pereza. Escucha de lejos al cura iniciar el acto penitencial. Se concentra, pide paciencia para la comida de medio día, para conseguir no dejarse afectar por nada ni por nadie. Ni por su madre, que nunca dice lo que esperas que diga. Ni por su hermana Amanda y su marido, a los que, de cualquier situación de la que se hable, ellos afirman haberla vivido antes, sin dejarte ni siquiera explicar tu historia. Rezar para el proyecto de su esposa que lucha tanto por ello, por su hermano Álex que reaparece después de años de alejamiento. Por su padre y por todos los que te quieren y te miran, juzgan y opinan de ti. Los que piensan en vez de preguntar. ¿Qué es mejor? ¿Que se callen o que pregunten?

No quiere que le pregunten sobre su búsqueda de trabajo. Tampoco quiere que se callen, fingiendo que no les importa. O peor, no fingiendo, porque no les importa... Pide paciencia y buen humor, para una conversación amena entre hijos, mayores y abuelos. Reza por los que lo despidieron y por los que tomaron la decisión de añadir su nombre a la lista. Cien *managers* «afectados» por la reestructuración. Y él, el ciento uno. Reza por todos los que se han olvidado completamente de él. Por los que no contestan a los *mails* o no devuelven las llamadas y para quienes ha dejado de importar. Para mantener su cordura y templanza ante el mundo, ante su padre, su madre, sus hermanos, sus relaciones y su mujer.

Oye los cantos y sigue flotando encima de la nave, de las estatuas y de las velas. Cuando empieza la segunda lectura, decide aterrizar para escuchar a San Pablo. Sus recomendaciones y consignas le hacen pensar. Pensar de otra manera es agradecido. El regreso del hijo pródigo lo devuelve a la realidad, pensando de nuevo en la comida familiar. ¿Será él el hijo pródigo? Nada cuadra. No ha despilfarrado el dinero de la familia. No se ha marchado. Ningún hermano ha cumplido mejor que él sus deberes de hijo. Hasta ahora. Suspira. Le sorprende la extraña moralidad cristiana que favorece al hijo «malo». Escucha con atención la homilía. A ver si lo entiende.

Se da cuenta de que ha conseguido desconectarse. Se ha dejado envolver por el ritual y la resonancia de la bóveda. Recitar el credo le reconforta.

Cuando se dirige hacia la salida de la iglesia al cabo de media hora, se encuentra mejor. Pone una vela. Pequeñita. Un euro. La enciende y se queda un ratito mirándola, solita en la sombra, en medio de otras velitas. Sale a la luz del día. Se felicita por la iniciativa de haber ido a misa. Vuelve a cruzar a la pareja del inicio, se paran, se saludan, entablan una conversación de vecino, sobre el tiempo, el domingo, la comida familiar, los hijos que crecen. Tras revelarse conocidos comunes, se saludan afectuosamente con el deseo de volver a verse.

Alfredo entra en el portal de su casa. Coge el ascensor, está solo. Se mira en el espejo. Descubre que tiene buena cara. Mejor que otros días. La misa le ha sentado bien. Ya está resignado ante el reencuentro familiar. Se siente «al ataque».

La casa huele a cebolla frita. Carla está en la cocina, concentrada en el relleno de una empanada de berenjena. Anna le está ayudando, concienzudamente vestida y peinada. Anna siempre esta lista. Nunca llega tarde y siempre ayuda. Lleva en las manos una bandeja redonda. Carla trata de sacar el pastel del molde. El pastel se ha pegado. Gira la cabeza hacia su marido:

—Hey… ¿dónde estabas? Tenemos que irnos ya. Bueno, estoy sacando esto. ¿Puedes mirar qué hace Marco? Mira Anna, creo que la vamos a dejar dentro del molde. Sino será un desastre.... Jo... otra vez llegaremos tarde...

Alfredo se acerca: —Deja que te ayude.

Se pone unos guantes. Maniobra entre el molde caliente, agua, pequeños movimientos y paciencia. El pastel se despega y lo deposita victorioso en la bandeja de su hija.

—He ido a misa.

Su mujer levanta una ceja y lo mira, un poco como miran los psicólogos que utilizan el silencio para invitar al paciente a aclarar su declaración. El silencio es interrumpido por Anna que no parece sorprenderse del paseo dominical y se concentra en centrar el pastel en la bandeja. Lo tapa y pregunta:

—¿En casa de los abuelos estarán tío Álex y tía Elena? ¿Vienen con María?

—Sí. Por eso vamos. Hace tiempo que no nos vemos. ¿Apetece verdad?

Anna mira a su padre.

—Claro que apetece. También apetece ver a los abuelos. Hace tiempo que no vamos a comer a su casa. Les hará ilusión vernos... ¿verdad? Aunque la abuela es a veces... ¿de «armas tomar»?...

Alfredo se ríe.

—La expresión es acertada... Eres lista, ya lo sabía. Es verdad... voy con pies de plomo...

—¿Pies de plomo? ¿Por qué se dice «pies de plomo»? ¿Porque te pesan los pies y no te dejan caminar? Cuando se va a algún lugar con ganas, ¿se dice ir con «pies de pluma»?

—No. Solo se piensa en los pies cuando son de plomo y te impiden caminar.

Carla ha desaparecido. Se la oye hablar con nervio a su hijo. El ruido de la tele se apaga, dejando una sensación de relajo en la casa. Marco entra en la cocina corriendo. Coge un trozo de pan y una manzana. Está en pijama, descalzo, despeinado y sonriendo. Sigue su carrera y lanza a su padre un «¡ya voy, ya voy!».

Cuando suben finalmente al coche, ha dejado de llover. Carla lleva en las manos el pastel de berenjena. Mira el cielo y dice con entusiasmo:

—¡Qué bien! Se levanta el sol. Con un poco de suerte, estarán tomando el aperitivo y no se notará nuestro retraso.

Alfredo sonríe.

—Con o sin aperitivo, mi madre nota siempre el retraso. Y mi padre, no te lo pierdas. Pero igualmente, es una buena noticia que haya dejado de llover. Tarde o temprano, había que pasar por ahí. Podría ser peor... ¡y podría llover!

Carla se ríe. Coge la mano de su marido:

—Veo que estás mentalizado... Bueno, no te preocupes. Estarán tus hermanos y la hija de Álex. Con un poco de suerte, escaparás al interrogatorio sobre el trabajo y serán ellos el centro de atención... Hace meses que no vemos a Álex. Por una vez viene su mujer. Esta mujer es genial. Seguro que al final lo pasamos bien.

La conversación sigue sobre Álex, Elena y María. Alejados de la familia, se les suele ver en contadas celebraciones familiares. Acuden pocas veces a las fiestas navideñas y se conoce el alejamiento voluntario de Álex a la autoridad, mirada, y potestad paternal. Álex se alejó hace años. Construyó con Elena un nido de amor, sin boda ni celebraciones. Nació María sin bautizo. Las relaciones de Álex con su padre son prácticamente inexistentes. En las escasas celebraciones en las cuales se cruzan, mantienen una distancia políticamente correcta. El abuelo nunca se dirige directamente a Álex. Y menos a su pareja, que ni siquiera es su esposa.

Capítulo 6 · La comida del domingo

Entran en el comedor. La mesa está puesta. Copas de cristal fino, mantel de encaje, vajilla con dorados, reposa cuchillos... La comida de hoy es diferente. Las comidas familiares del domingo no suelen ser tan aparatosas. No suelen abarcar tantos preparativos. Alfredo abraza a su hermano y se agacha hacia su sobrina que está esparciendo fichas de dominó debajo de la mesa. Su hermana le trae una cerveza, a la vez que le susurra en el oído: —«Espero que estos preparativos sean en honor de Álex... Porque si es para otra cosa, vete preparando. Aquí se cuece algo...»

En este instante, sale su madre de la cocina, mira a su hijo y a su nuera y suelta:

—¡Por fin habéis llegado! Bueno, tomaros algo. Qué más da... Ya no viene de diez minutos. Ya sabemos que la puntualidad no es lo vuestro. Vuestro padre está furibundo. No dice nada, claro. Ya lo conoces. Con lo importante que es para él la puntualidad... ¡Habéis traído empanada! Vaya. Ya tenemos tarta de espinacas y además empanada... ¿De qué es? Ah... de berenjena... ¿Empanada de berenjena? Vaya idea. Tampoco la tarta de tu hermana lleva carne. Debe ser por la crisis, ahora solo se come verdura, queda más fino que la carne. Podríais coordinaros... Ha venido Anna. Está muy guapa. Anna, ve a saludar a tu abuelo. Dale un beso. Aunque lleguéis tan tarde, quizás se ponga contento. A lo mejor a ti no te gruñe... Espero que tu padre no llegue tan tarde a las entrevistas de trabajo. La puntualidad es importante. En lo personal y en lo profesional. En fin... nunca es tarde. Vamos a comer frío. Bueno, supongo que estas tartas de verdura se pueden comer frías, ¿no? Frías o calientes, no saben a nada.

Alfredo sonríe y contesta:

—No nos retrasemos más. Podemos pasar a la mesa cuando quieras y comer las empanadas y las tartas de verdura frías. No necesitamos aperitivo.

Mejor no hacer esperar más a Papá. ¡Huele estupendo! ¿Es cocido madrileño? ¡Qué buena idea! Carla, te vas a poner las botas. Con lo que te gusta el cocido...

Su madre ha desaparecido en la cocina con la empanada de berenjena. Todavía se la oye comentando en voz alta su incomprensión de las comidas de sus hijos, estas empanadas de pobre... los garbanzos que se van a reblandecer... su voz se pierde en los ruidos de la cocina.

Carla abraza a su cuñada Elena. Se sientan juntas con los jóvenes. Marco juega con María. Las piezas de dominó se han transformado en camiones. María se ríe escuchando a su primo inventar carreras entre los pies de la mesa.

La puerta de la cocina se abre en grande: Amanda y su madre aparecen con los brazos cargados de caldo, verduras, garbanzos,...el olor a panceta y morcilla invade el comedor. La mesa está servida. Todo está encima de la mesa. La empanada y la tarta están frías. Y el cocido caliente.

Silencioso, el abuelo se ha levantado de su sillón. Se acerca a la mesa, mientras hijos y nietos esperan para tomar asiento. Las comidas familiares tienen sus reglas, rituales, roles. Un protocolo heredado, donde se mezclan la obediencia, la complicidad, algunos secretos, el respeto y la paciencia. Mantenerlas, a pesar de las prisas o del cambio de mundo, es proteger un equilibrio.

La comida empieza con risas y conversaciones cruzadas. Todo el mundo habla con todo el mundo y nadie escucha a nadie. La empanada de berenjena pasa de mano en mano, cruzándose con la tarta de espinacas.

Hasta que el abuelo prueba el caldo: las conversaciones se aflojan ante la tensión del diagnóstico. Casi cincuenta años de expectativas de

la abuela ante el juicio de su marido sobre el manjar. Tras un momento de casi silencio, el abuelo sentencia:
—Soso. Pero no está mal.

Ante un dictamen tan positivo, el ambiente se relaja y las conversaciones se reaniman, acompañadas de los ruidos de los cubiertos y de las risas. El cocido casa con un vino con cuerpo. El vino es oscuro, rasposo, elegido con cuidado. El abuelo llena los vasos, aparentemente orgulloso de su elección. Pone de relieve, que detrás de un ambiente relajado y cálido, hay «gato encerrado». Un gato grande como un elefante, «encerrado» en una jaula que flota encima de los platos, del cocido y de la empanada. Todo el mundo lo ve y nadie lo quiere ver. Se le mantiene fuera de ataque a través de un acuerdo casi colectivo. El vino relaja las conversaciones y diluye los no-dichos: el conflicto entre Álex y su padre, el paro indefinido de Alfredo, los temores ante los comentarios de la abuela y el silencio ostentoso del abuelo.

Álex explica al marido de Amanda y a Alfredo sus últimos inventos y bricolajes, Carla y Elena escuchan a Marco explicar un nuevo juego a María, que no solamente entiende sino incluso opina. Amanda habla con su madre de su nuevo trabajo y de sus intentos de conseguir una reducción de jornada para tener más disponibilidad para su bebé.

—Bueno, esto es lo normal, ¿no? Está bien que las mujeres trabajen y lleguen a puestos importantes. Pero cuando son madres, y además a tu edad, las empresas deben dejar que la mujer atienda a sus obligaciones. Porque claro, ya tienes tus cuarenta y dos añitos.

Alfredo se gira para interrumpir a su madre.

—Venga mamá, parece que Amanda tenga sesenta años. Es una madre guapísima y una profesional de primera. Brindemos.

Agradeciendo la intervención de su hermano, Amanda levanta su vaso:

—Brindamos al vino, a su solera y al cocido. Además, ¿sabéis que Carla ha ganado un premio? Su negocio ha sido premiado como emprendeduría social. Brindemos por todos nosotros. Y por el premio de Carla.

El abuelo parece de nuevo encogido. Mira a su nuera, ganadora de premio. Carla se ve obligada a precisar, a la vez que levanta su copa:

—Sí, hemos ganado un premio. Gracias a Alfredo. Yo sola no hubiese sido capaz.

Antes de que nadie añada algo, se oye a la abuela:

—¿Un premio? ¿Has ganado un premio? ¿Con tu negocio este?

Todo el mundo aguanta la risa. Los comentarios de la abuela forman parte de la cultura familiar. Con condescendencia, todos deciden dejarla seguir:

—Vaya, ¡me alegro! Alfredo ayuda a su mujer. Eso está bien. Mientras no trabaja, es útil para algo. Cuida a sus hijos y a su mujer que monta un negocio... en fin. Los tiempos cambian. ¿Quién quiere un poco más de morcilla? Viene del mercado. ¿Verdad que está sabrosa? Espero que este premio os dé dinero. Porque claro. Mientras la mujer monta un negocio, ni gana dinero ni cuida de los hijos. Claro que Anna ya es toda una mujer. Puede ocuparse de la casa. Así es como os arregláis. Anna lleva la casa. Pobre Anna. Esta sí que es buena... No sé si con todo esto, Alfredo tiene tiempo de buscar trabajo.

Los niños se han callado y los adultos se miran. Recuerdan que a veces, no hay que dejarla seguir.

Alfredo mantiene una ligera sonrisa mientras mezcla con su tenedor un poco de col con un poco de panceta. Ya estamos. Se sabía que el tema iba a caer. Trata de tomárselo con calma. Se concentra en el sabor y trata de recordar la velita, la bóveda y la paciencia. No sabía si el debate central de la comida iba a ser él y su búsqueda de trabajo, o Álex y su retorno.

Desde luego, era previsible que los comentarios iban a salir de su madre. Siempre se ha hecho la supuesta portavoz del abuelo, dejando en duda el autor real del pensamiento. Toda la vida, la abuela ha hablado por el abuelo, y los hijos le han contestado para el abuelo. Los hábitos familiares son exclusivos. Pero Alfredo no tenía previsto el juicio sobre el negocio de Clara. Y menos, los comentarios sobre la predisposición de Anna. Solemos imaginar los juicios familiares, obviando algunos y añadiendo otros. Por otra parte, todo el mundo conoce a la abuela. Nadie da demasiado importancia a sus comentarios. Nadie puede impedir a la gente que te quiere pensar en ti, en tu modo de vida y en tu felicidad. Pero detrás de estos pensamientos, siempre está la pregunta clave de «¿Realmente me quieren?» o «¿Solo me quieren si respondo al patrón que les sirve a ellos?»

Su hermano parece oír su pensamiento y responde a su madre:

—Mamá, cada familia tiene su manera de vivir. Las mujeres pueden quedarse en casa, hacer una carrera como Amanda, o montar un negocio como Carla, o dedicarse a luchar para otros, como Elena. Hace años que no paso por aquí. Veo que todo sigue igual. «Pa lo bueno y pa lo malo»....

Sonríe y añade:

—Los hombres deben llevar los pantalones y tener éxito en la vida profesional. En mi casa, Elena y María llevan cada una, una pata del pantalón.

Mira a su mujer y sigue:

—Y ya se conoce mi éxito profesional. Veinticinco años en el ayuntamiento. Pero eso sí, nadie me puede echar, el sueldo asegurado y el puesto de trabajo también. Pocas sorpresas, ni grandes responsabilidades. A mi edad, prefiero esto. Al final, Alfredo ha tenido grandes puestos. Quizás le toca cambiar. Seguro que no sabe si decidir lo que le conviene, o lo que queréis vosotros. Vaya mochila.... Pero bueno, igualmente, estoy contento de estar aquí... pa lo bueno y pa lo malo....

Le corta el abuelo. A la sorpresa de todos, se dirige a su hijo Álex por primera vez en varios años:

—Estamos también muy contentos de que estés aquí. Con tu mujer y tu hija. Con mi nieta. Para lo bueno. No para lo malo. Nos alegramos todos de estar reunidos y de conocer mejor a mi nieta y a la mujer que aguanta tus caprichos. Hoy es un día especial. Porque estás aquí. Con nosotros. En familia.

Sonríe a ambas mujeres, o más bien les regala esta sonrisa acogedora con sentido del humor que esconde detrás de sus gruñidos. Sigue:

—Tienes un buen trabajo. Consérvalo y cuídalo. Tu hermano ha desarrollado puestos importantes. Y debe seguir haciéndolo.

Alfredo cruza la mirada con Elena, la mujer de Álex. Se sonríen con una punta de connivencia, por la satisfacción del silencio roto entre padre e hijo, por la esposa finalmente reconocida, por la niña consagrada nieta, y por la comparativa entre el hermano con puestos importantes y el hermano caprichoso. Alfredo sigue en silencio, observando y escuchando como la conversación va girando sobre él, su trabajo, su papel en la familia, su mujer y su hija.

Elena, habitualmente discreta y silenciosa, toma la palabra mirando a los jóvenes:

—Ya veis. A veces las personas tienen trabajo y a veces no. Desde luego, es un tema importante puesto que todo el mundo tiene una opinión sobre ello. ¿Y vosotros, que opináis?

Alfredo mantiene su sonrisa y su paciencia. Mira a su cuñada con agradecimiento, sintiendo que, gracias a ella, beneficia de un respiro. Su hija contesta:

—Antes, papá estaba todo el día de viaje. Lo veíamos muy poco. Ahora está en casa, me ayuda, ayuda a mamá, incluso va a ver a Marco a jugar al fútbol. Supongo que volverá a trabajar y entonces lo veremos menos. Pero tendremos más dinero. Supongo que todo tiene ventajas e inconvenientes.

Amanda interviene:

—¡Muy bien Anna! Es así, ¡yo también aproveché cuando estaba en el paro! Estuve de viaje, estudié, hice mogollón de deporte. Es una cosa normal estar en el paro. Alfredo aprovecha para ayudar a su mujer. Yo también estuve ayudada por mi marido cuando buscaba trabajo. Tardé casi un año en encontrar trabajo y mira ahora... Bueno, cien por cien contenta no estoy. Pero no me puedo quejar... Es importante no equivocarse y no coger cualquier trab....

El abuelo le corta la palabra:

—Amanda, no estamos hablando de ti. Estoy hablando con tu hermano.

Con la mirada seria y la voz pausada, el abuelo se dirige a sus hijos, con un discurso que se percibe algo preparado:

—No conviene que una comida familiar sea un lugar de discusiones. Los comentarios airados, sermones o riñas no deben hacerse en público. La buena educación requiere abordar los temas sensibles en privado. Política, religión y problemas familiares no se abordan. Máxime si hay invitados o personas colaterales. Sin embargo, sois mis hijos y no podemos no responsabilizarnos de un problema como el de

Alfredo. Y menos, quedarnos en silencio. Debemos ayudarle a buscar trabajo. Con o sin su consentimiento.

Se gira hacia Alfredo:

—Tu madre y yo estamos preocupados. Todos estamos preocupados. No has dicho nada. Llevas más de tres meses sin decir nada a nadie, sin venir a vernos ni pedirnos nada. Bueno, hace ya más de un año, ¿no? Al final, no llamaste al Sr. Rodez. Es hora de rebajar tu orgullo. Soy mayor, pero conozco a gente influyente…

Sin levantar los ojos, la abuela vuelve a pensar en voz alta, o fingir que no se da cuenta que habla en voz alta:

—¿Porqué será que no llama a Rodez? Lo que pasa es que es más útil a su mujer en casa, que viajando por ahí. A las mujeres, no les gustan que sus maridos viajen por ahí. Seguro que por eso pasó lo que pasó. Por eso lo han despedido. Luego, claro. Con estas tartas y empanadas, estos hombres no comen nada bueno. No se les cuida. Y fíjate esta morcilla… ¡qué sabrosa! Hay que ver… Nos lo hemos comido todo. Total, ahora con un premio de emprend… yo que sé. Claro, a lo mejor Rodez le da un trabajo… pero claro, vete a saber qué trabajo… hoy en día, no quieren cualquier trabajo. No sé por qué. E imagínate si Rodez se entera de que su mujer ha tenido un premio de emprend… ¡ay!, no hay manera que me acuerde de esta palabra…

El abuelo le corta la palabra y mira a su hijo. Le pregunta:

—¿Llamarás a Rodez?

El silencio invade la mesa.

Alfredo toma conciencia de la sensación de presión que le crea cualquier recomendación familiar sobre lo que tienes que hacer para buscar trabajo. Otra vez percibe esta molestia interna que crea la sensación de que tu entorno no tiene ni idea de lo que necesitas y que lo que te proponen no tiene sentido. E incluso que lo que te piden que hagas podría ser contraproducente. Abordar a Rodez ¿para qué? ¿Para que se vea ante el compromiso de crear un puesto de trabajo para él, en reconocimiento a su padre? El sinsentido le invade, y la convicción clara de que no quiere actuar de esta manera, ni con Rodez ni con nadie. Toma conciencia del silencio prolongado de la mesa y contesta:

—Papá, te agradezco mucho tu ayuda, pero no hace falta. Las cosas no son fáciles. Pero las iremos resolviendo. Si veo la necesidad de llamar a Rodez, te lo diré.

Forzando su sentido del humor, añade:

—Veo que lleváis la cuenta del tiempo que llevo en el paro... Yo también. Un año y tres meses. El mercado está duro. Tengo entrevistas. Pocas... Pero voy haciendo...

No sabe muy bien qué añadir. Vuelve a sonreír:

—Esta mañana he ido a misa. Así que seguro que las «cosas cambiarán...»

Alfredo nota que su comentario ha sido torpe. Su padre se queda callado. Esto del mercado duro, de las entrevistas y de un posible milagro no le ha tranquilizado. Tampoco apaciguará a la abuela. Las conversaciones se han suspendido. Todas las miradas están de nuevo giradas hacia Alfredo. ¿Dónde se han quedado? Alfredo toma conciencia de la atención colectiva. Nota un poco de dolor de cabeza. El vino era fuerte y el cocido potente. Piensa en sus hijos que escuchan, en sus hermanos, en su currículum rehecho más de diez veces, en las conferencias a las cuales acude sin deseo ni de escuchar ni de ver. De repente, se oye decir:

—Voy a montar un negocio.

Nota una sensación extraña. Una mezcla de vértigo, pánico y alivio. Una puerta de salida. De repente, encuentra argumentos. Ya no hace falta buscar explicaciones de por qué las entrevistas son tan escasas, por qué no le contestan, por qué ha dejado de ir a conferencias o de llamar a sus conocidos... o por qué no necesita llamar a Rodez. De repente, las ideas parecen cobrar sentido y la imaginación encuentra lógica para dar fundamentos a un proyecto que nunca existió.

—Un negocio de lo mío. De seguros. El lunes tengo una reunión con una correduría que se traspasa. Quizás lo del lunes sea solo para ver. Ya lo tengo decidido...

El abuelo lo mira con aire sospechoso:

—¿Montar un negocio? ¿Tú? Nunca nadie en esta familia ha tenido un negocio... ¿Es que no encontrarás a nadie para contratarte? Esto de que todo el mundo trabaja ahora por su cuenta me parece algo... Vas a montar un negocio... emprender, ¿no es eso? Reinventarte... ¿no es la palabra que sueltan por todas partes? Sigo sin entender cómo pudieron hacerte lo que te hicieron... despedirte a la edad que tienes...

Amanda acude de nuevo en socorro de su hermano:

—Papi, ahora esto es lo normal. Mírame a mí. He cambiado tres veces de trabajo en dos años. Hace dos años estaba en el paro. Ahora me han vuelto a promocionar. Las empresas funcionan así. ¡Pero me parece una gran noticia! Me muero de envidia. Me encantaría tener claro un negocio y lanzarme por mi cuenta. Cuando veo las patatas que hay por ahí, ¡seguro que te irá estupendo!

El abuelo contesta:

—Deja de comparar tu situación con la de tu hermano. Aunque hayas estado un año sin trabajo, no es lo mismo. Montar un negocio es un riesgo. Alfredo es padre de familia.

Capítulo 6 · La comida del domingo

Durante este intercambio, Carla y Alfredo se han quedado mirándose. El fondo de cuestionamiento en los ojos de Carla es discreto, mezclado de cariño y sentido del humor. Alfredo percibe sus preguntas. Nunca hablaron de ello. Nunca le ha comentado que quería montárselo por su cuenta... Más bien al revés. Si alguna vez Alfredo habló del trabajo por cuenta propia, ha sido más enunciando dudas. Nunca ha soñado con trabajar solo. Le gusta mantener relaciones sociales en su trabajo, tener equipos, responder a la disciplina, pertenecer a una gran corporación, a una marca. Si a veces hablan del trabajo por cuenta propia, siempre es para constatar que solo le pega a Carla. Y que las personas buscan cosas diferentes en el trabajo.

Añade, hablando a todos y a su mujer:

—En realidad, no quiero seguir buscando trabajo por cuenta ajena. A parte de mi edad, los sueldos y todo ello, quiero dejar este entorno, las empresas, construir algo para mí...

Nota como este comentario ha levantado en él emociones contradictorias. Pena, decepción, tristeza, algo de abandono y de rebeldía. Y una energía engañosa que le hace sentirse más seguro, un punto de insurrección contra el sistema, o contra lo que no se deja. Como un niño que viendo que nunca le regalaran este camión, declara que, en realidad, nunca le ha gustado...

Añade:

—Carla y yo estamos decididos. Voy a montar mi negocio y el trabajo solo dependerá de mí mismo. Las corredurías están de capa caída... pero yo lo haré diferente...

Álex va sirviendo cava en las copas de cristal:

—No hay mal que por bien no venga. Me alegro de que alguien de la familia dé el paso. Cuando tengas tu negocio en marcha, si necesitas ayuda, no dudes en llamarme. Ya sabes, yo sirvo para todo.

Carla tiende su copa vacía, reclamando con el gesto un poco de vino. Se levanta para pedir un brindis:

—Un brindis al nuevo negocio de mi marido. Y un brindis también al retorno del hijo pródigo, a Elena y María.

Alberto no recuerda haber comentado a su mujer el sermón de la misa sobre el hijo pródigo. La historia cobra sentido. Álex es el hijo pródigo. Se celebra su retorno. En cambio, él tiene el deber de seguir cumpliendo, sin recompensa ni aplausos. Es lo normal y es lo que hay. El mantel no es para él, pero quizás hoy, acaba de romper su compromiso de hijo bueno.

Con la idea de montar un negocio, lo dejarán en paz un rato y luego ya veremos. Sonríe ante la idea de que, con la vuelta de su hermano, su paro de larga duración y su declaración de emprendedor, pueda transformar el sistema familiar. Sonríe aún más cuando imagina una comida de domingo en el cual se celebraría su retorno, siendo a su vez el hijo prodigo... No estaría mal. Dejar de ser el hijo bueno.

El abuelo ha vuelto a su mutismo de siempre. Alfredo sonríe a su esposa y levantando de nuevo la copa añade:

—Me alegro más que nadie de vuestro retorno. Bienvenido al hijo pródigo. Por mi parte, me vendrá muy bien no ser el único. Últimamente, me sentía un poco solo.

Y mirando a su mujer y su hermano:

—Y desde luego, en cuanto tenga mi negocio en marcha, cuento contigo Álex para ayudarme.

La abuela acaba de entrar con el postre. Un brazo de gitano gigantesco, lleno de nata. Con galletas especiales, traídas de Burgos. Las conversaciones han retomado su curso. El proyecto de creación de negocio sea o no un parche, ha devuelto la paz a la familia.

A todos, salvo a Carla y al abuelo.

La parte oculta

La lectura de la historia por el consultor de carrera

La familia es un conjunto de vínculos, redes, dolores, historias, secretos y recuerdos. Es un sistema que enreda a la persona, con o sin trabajo. El no-trabajo actúa como un foco: ilumina elementos del sistema que el trabajo tapaba.

La pérdida del trabajo es un grano de arena que mueve el sistema. Y este cambio influye de manera considerable la búsqueda de trabajo.

Los juicios sobre la persona sin trabajo invaden la mente de su entorno. Y el implicado recibe todos estos juicios. En una familia. el número de vínculos no es igual al número de personas. Es igual a todos los vínculos existentes entre todas las personas. Una madeja enorme de dilemas y expectativas que ayudan o impiden avanzar.

En base a ello, la persona sin trabajo toma decisiones que le permiten actuar. No siempre las más necesarias. Raramente contempla acciones a emprender con su familia, para gestionar un enredo de vínculos donde las etiquetas son indelebles y donde las emociones contagian todo y determinan en parte su capacidad para buscar trabajo.

Como otros, Alfredo vive mal cualquier recomendación familiar sobre lo que tiene que hacer. La sensación de que el entorno, los que te quieren y que tú quieres, no tienen ni idea de lo que necesitas, es una molestia real. Quita energía a Alberto. Y esta energía tiene igual importancia para buscar trabajo que la edad o la tasa de desempleo.

De la mirada de la familia depende la agilidad en moverse, actuar y decidir en su búsqueda de trabajo.

Alfredo siempre ha cumplido con su deber. Sin motivo específico, ha sido despedido. ¿Hasta qué punto vale la pena cumplir el deber? ¿Qué es lo que se espera de él? No se da el derecho a mirar lo que sabe, lo que quiere, o lo que se pide en el mercado. Trata de entender los motivos que hicieron que acabase como número 101 de la lista de despedidos. Sigue enredado con ello y sigue cumpliendo con su deber.

Para buscar trabajo o montar un negocio, hay que tener un objetivo claro. Muchas veces, se construyen objetivos «parche» para relajar el entorno. Con el riesgo de acabar creyéndoselo. El objetivo de Alberto de montar un negocio propio es un objetivo para tranquilizarlos. Para respirar. Para poder contestar a las preguntas.

Alfredo tiene el apoyo de su mujer. Su mujer sabe que este objetivo ha sido oportunista. También lo percibe el abuelo. En el sistema familiar, existen algunas personas a priorizar. Gestionar a la familia requiere coraje y, a menudo, más que para otros contactos clave del mercado laboral. El no-trabajo ha introducido un grano de arena en el sistema familiar. Bien gestionado, puede llegar a ser una mejora del sistema.

La lectura de la historia con la mirada terapéutica de un psicólogo de pareja

El encuentro y enamoramiento de Alfredo y Carla podrían haberse construido alrededor del rol masculino o femenino de cada uno. En este sistema, se suele esperar del otro, comportamientos que refuerzan la imagen masculina o femenina de cada uno. Cada uno permite confirmar la identidad del otro.

Aquí, a pesar de haber perdido parte de su rol masculino «tradicional» de «proveedor» se percibe que los roles de pareja han sabido ser flexibles. Alberto viajaba mucho cuando trabajaba. La vuelta a casa era arriesgada. Hubiese podido poner en duda su identidad. Posiblemente este cambio no habrá sido fácil, pero lo obvio es que Alberto acepta roles diferentes puesto que ayuda más a su esposa y cuida de los hijos.

Carla no le devuelve ninguna indirecta que le haga sentir una pérdida de su rol masculino.

Lo más llamativo de este modelo es la familia de Alberto. Cabe añadir a la mirada de la pareja, una mirada al conjunto de la familia, especialmente a los padres de Alberto.

Pareja fundadora, los padres de Alberto construyeron un modelo familiar fuerte, donde el rol masculino del padre y el rol femenino de la madre necesitan, para funcionar, seguir dirigiendo a sus hijos. El modelo de funcionamiento de esta pareja «fundadora» es seguir tratando a sus hijos como si fuesen adolescentes, manteniendo los roles y las tradiciones de siempre.

El sistema de pareja de Alfredo y Carla es suficientemente ágil y confortable para haber aprendido a gestionar todas las turbulencias. Seguramente, ambos y cada uno son conscientes del peso y de la realidad de sus heridas compartidas.

> **Consejo** · *Cuidado con los proyectos «parche» construidos para dar respuestas a los demás.*

Capítulo 7 · El coche

> La vida profesional
> es una tempestad permanente.
> Para navegar en ella,
> la pareja debe modificar
> constantemente su rumbo.

La historia

Hacía meses que hablaban de este fin de semana. Coger tres o cuatro días para hablar y estar juntos. La situación era difícil. Los dos estaban finalmente trabajando. Pero era necesario pararse para intentar escucharse.

Luis se escabullía descaradamente buscando otras prioridades. María también, pero con ese toque femenino que parece insistir en la necesidad del encuentro y en realidad está poniendo pegas a todo. Ambos tenían grandes ventajas en no hacerlo. Hablar era correr riesgos conscientes y ocultos.

La última cena con buenos amigos había puesto de relieve el asunto pendiente. Una cena normal con chimenea, alcohol y confianza, donde la transparencia de la amistad acaba en un cóctel terapéutico entre parejas. Una de ellas eran Luis y María. Nada indicaba que serían ellos los protagonistas de la noche. El debate se había iniciado alrededor de otra pareja que llevaba veinte años cuestionándose si vivir juntos o no. María había mencionado las dificultades de su reciente convivencia en un momento profesional difícil: vivía una pesadilla en su nuevo trabajo y la reciente convivencia con Luis era un desastre. Tres meses en su nuevo trabajo y tres meses compartiendo piso. No sabía qué culpa tenía de este doble fracaso y su cansancio ante los reproches constantes de Luis le afectaba mentalmente. Llegó a mencionar sus brotes de violencia verbal, creando dudas en los participantes de la cena. Para demostrar la veracidad de sus palabras, Luis había perdido los papeles ante la mirada anonadada de sus amigos.

Entre comentarios compasivos y abrazos, la peña había coincidido en la urgencia para ellos de encontrar tiempo para hablar. María había llorado. Luis había cerrado los puños. Se habían reconciliado y habían tomado la decisión de irse de viaje. Al menos tres días.

Por primera vez salieron puntuales. A las cinco de la tarde, la maleta estaba en el coche y el GPS configurado, para una estancia de tres noches en unos acantilados de la Costa Brava.

Jueves por la tarde. Las nubes se tintan de todos los colores en una autovía donde el coche se desliza por curvas y paisajes con una excepcional visibilidad. María está seria y silenciosa. Luis parece irse de excursión y haberse olvidado del objetivo del viaje. La radio ronronea debates políticos interrumpidos por anuncios de El Corte Inglés. María mira a través de la ventana desfilar los campos de olivos en los atardeceres del Ampurdán. Percibe de lejos las preguntas de los periodistas y las respuestas del político. Disfruta de las imágenes del cristal transformado en pantalla.

Capítulo 7 · El coche

Observa la transformación del paisaje cuando el invierno anuncia su retirada. El periodista interrumpe al político poniendo de relieve su coraje y olvidándose de escuchar la respuesta. María fija su atención sobre unas flores blancas que desaparecen antes de haber podido comprobar si era un almendro.
Los almendros son el primer indicio de la primavera. Un privilegio del clima mediterráneo. María piensa de nuevo que España seguirá siendo el primer país europeo en recibir la primavera. Antes que los ingleses, que la miran con desprecio cuando vienen a marcar las pautas de la central española. Antes que los franceses, que parecen ignorar que existe otra cosa que Francia. Y por supuesto antes que los suecos. Trata de no pensar en su nuevo trabajo, en la mirada de los ingleses, franceses y suecos. Busca los almendros. La película del paisaje corre a 80 kilómetros por hora. No hay duda: están en flor. Se olvida de la radio y de la empresa para disfrutar del placer de las luces de febrero, cuando brillan los colores de los almendros, de los cerezos y de las mimosas, perpetuando sus olores de paraíso.
Luis baja el sonido de la radio:
—A veces pienso que debería haberme dedicado a la política. Cuando ves lo malos que son cuando hablan en público, la nulidad de los periodistas que se preocupan más de parecer inteligentes que de escuchar lo que dice el otro. Lo incultos que son... Pienso que ahí hubiese tenido una gran carrera...
María sigue mirando el paisaje y la luz plateada del sol de invierno.
—Ya. Seguro. Porque se sabe que lo que te caracteriza es lo político que eres...
—Ja, ja, ja , ja , ja. Tienes razón. Probablemente no he sido político porque soy muy poco político.... Ja, ja, ja, ja.

Luis ha conseguido romper el silencio de María. Está contento.

Añade:

—Bueno, la verdad es que prefiero miles de veces el mundo de la empresa a la hipocresía política. Funcionarios, al final acaban siendo funcionarios. No tienen ni idea de la vida real. De la empresa, donde te pueden echar, pero donde al menos ves el resultado de lo que haces. Se vende o no se vende. Las cifras suben o bajan. Y si decides subir el precio del producto, sabes rápidamente si has acertado...

—Ya. Sobre todo, si eres el director general y que haces lo que te da la gana.

Luis disfruta de nuevo de la intervención de María. El silencio parece estar desapareciendo. Los silencios de María son pesados y a veces amenazantes.

—Ja, ja, ja, ja. Otra vez tienes razón. Es verdad que yo necesito ser el jefe y poder hacer lo que me da la gana... Bueno, salvo contigo. Al final, hemos decidido la Costa Brava en lugar de los Pirineos, el mar en lugar de la montaña. Hago lo que me da la gana, salvo cuando tú quieres otra cosa...

Luis sigue riéndose. Ha conseguido romper la mirada taciturna de María. Si bien sigue mirando por la ventana, María ha contestado y parece dispuesta a conversar.

Esta idea de un fin de semana no le tranquiliza. Esto de hablar de «la relación» no va mucho con él. Trata siempre de hacer prevalecer el presente sobre el futuro y el pasado. No está muy orgulloso del pasado... preferiría borrarlo. Se siente culpable de sus cabreos, enfados, gritos. Hubiese querido tachar de la historia momentos inolvidables de escándalos y de casi violencia en la pareja. Estas cosas pasan en todas las parejas. Peor para los que no. Para él, la situación había vuelto a sus cauces. Ambos habían encontrado trabajo. Ambos vivían juntos y ambos cobraban finalmente un buen sueldo. Habían cruzado el paro, montado un negocio, cerrado, vendido y, finalmente, ambos habían conseguido volver a subir al tren empresarial, consiguiendo cada uno un puesto ejecutivo que supuestamente cumplía con los objetivos. Hoy compartían un piso grande en el Ensanche. Sus amigos podían admirar una decoración sencilla y estudiada, donde se mezclaba su imagen alternativa y su gusto por lo natural a través de múltiples plantas. A pesar del elevado alquiler, se habían enamorado del lugar descubriendo una especie de terraza-jardín para los perros de María. Los perros podrían respirar el viento del este, añorando menos la libertad de las playas del Garraf.

En casi dos años, habían cambiado tres veces de vida. Seguros de sí mismos, habían decidido aprovechar sus indemnizaciones respectivas para montar una cafetería «diferente». Encontraron el local en el centro de un pueblo de la costa, donde turistas y residentes solían pasear al volver de la playa. Luis dejó a María la libertad de elegir una decoración «dulce» y acogedora, él sería el emprendedor, rápido, ejecutivo y resolutivo. Había remontado al menos tres empresas, con talleres, distribución y delegaciones y, desde luego, este *negociete* no le iba a crear problemas. El lugar era a imagen y semejanza de María, con mesas de jardín, luz, pinturas naifs y plantas. Los pasteles eran de harina natural, con productos ecológicos, para vegetarianos, veganos y todo lo saludable que requiere una vida sana.

Antes de la inauguración, las peleas eran constantes. Cada vez más duras. Por cualquier cosa. Cumplir o no con los requisitos legales, abrir sin o con el horno, ampliar el horario hacia arriba o hacia abajo, poner ocho o nueve mesas. Todo era motivo de discusión. Al cabo de una semana, descubrieron cucarachas y olores que requerían intervenciones urgentes. Llegó el verano, con su brillo infernal y paradisíaco. En agosto ya habían decidido cerrar el local y volver a la vida normal, con oficinas, horarios y sueldos. Sus temperamentos respectivos no les permitían trabajar juntos, habían cometido un error. Consiguieron traspasar el local y recuperar el dinero. Para Luis, no había pasado nada, buscarían un trabajo nuevo y aprovecharían este nuevo cambio para irse a vivir juntos.

María parecía enfadada. Luis aceptó seguir sus consejos y se apuntaron a un programa de gestión de carrera. En menos de un mes, Luis encontró un puesto como responsable comercial de Andalucía vendiendo fotocopiadoras. Olvídate de la gestión de carrera, mejor trabajar que no hacer nada. Aceptó cobrar la tercera parte de su sueldo anterior, salir cada lunes a primera hora y regresar a Barcelona al cabo de cuatro días.

Cada uno vivía en su casa. Al menos oficialmente. Luis trampeaba los horarios y los controles de la multinacional para seguir buscando trabajo. Corría de arriba abajo, entre clientes de su empleador y llamadas a sus contactos. No tenía problemas de integración. La multinacional pagaba los gastos y el teléfono y compartía su vida entre hoteles y la casa de María. Pasaba por su piso el domingo, para recoger ropa limpia. Cada vez tenía más cosas en casa de María. La lavadora de su casa estaba estropeada y María tenía una mujer de la limpieza que planchaba de maravilla.

María seguía enfadada. No había manera que percibiera ningún sacrificio por parte de Luis. Se lo pasaba demasiado bien. Su tono no reflejaba ni pena, ni duda, ni siquiera emoción. Muchas veces acababa comentando algún logro comercial que le iba a permitir alcanzar los objetivos de ventas antes del día 15. Solo se quejaba del dinero. Era obvio que no sufría por la situación. Ni siquiera fingía sufrir el domingo ante la idea de madrugar para coger el avión y desaparecer toda la semana. María estaba segura que acabaría haciendo carrera en las fotocopiadoras. Esto cabreaba a Luis, que odiaba ser asimilado a un mero comercial. Percibía en el comentario un desprecio a su espíritu emprendedor.

Para más inri, los fines de semana no solían ser muy suaves. María soñaba con madrugar para disfrutar de excursiones con los perros. Se quejaba de Luis que se quedaba en la cama. Para esto, haría mejor dormir en su casa. Más aún cuando luego se apalancaba ante partidos de rugby en la tele. Para evitar la pelea, María cogía sus perros y se marchaba sola, tratando de volver tarde para que la echara de menos. Mientras tanto, Luis disfrutaba del partido y luego se iba a comprar. Cocinaba de maravilla. A ambos les encantaba cocinar. Generalmente ahí, delante el horno, la nevera y las cacerolas, no discutían. Era el momento bueno del fin de semana.

María siguió un camino de búsqueda de trabajo más lento. Puesto que el negocio no había funcionado, quería encontrar un «buen trabajo». Cuidaba *LinkedIn* y los *headhunters*. Buscaba con constancia y disciplina, asistiendo a conferencias y estudiando inglés. No dudaba, aparentemente, de su posicionamiento profesional. Se vendía bien. Un *headhunter* de prestigio le ofreció un puestazo en un país emergente. La realidad es que se asustó. La empresa era enorme, el puesto suponía un régimen de *commuting*[5], dejar sus perros, encerrarse en una zona

---

5. Expresión utilizada para referirse a un lugar de trabajo ubicado lejos, en otro país que la residencia familiar. Supone trabajar lejos de la casa y viajar fines de semana para el reencuentro familiar. Actualmente muy frecuente en ejecutivos de multinacionales.

de expatriados, resolver conflictos, lidiar con políticas internacionales... Y viajar a Barcelona dos veces al mes. Por otra parte, le permitía demostrar a Luis que ella también tenía otras prioridades, que el proyecto de vida común le importaba tan poco como a él... Con esta oferta, ella conseguía un puesto de primer nivel, en una empresa de mucha marca, con un sueldo más alto que nunca. Daría un salto importante de carrera. Se posicionaría como un perfil internacional. Ya vería que hacer con los perros. Luis se haría cargo de pagar a la señora de la limpieza.

La reunión con la empresa contratante fue aparentemente perfecta. Ella era la «candidata finalista». La llamarían para que cogiera un avión en las próximas semanas, para conocer a su futuro jefe ubicado a cinco mil kilómetros y firmar el precontrato.

Al cabo de seis semanas, seguía sin noticias, ni de la empresa, ni del *headhunter*. Envió *mails* a unos y otros. Dudaba de la oportunidad de insistir, de llamar, de callar, de pasar de ellos o de demandarlos... al cabo de tres meses, consiguió resignarse al silencio y volver a buscar trabajo. Tenía razones para estar enfadada: nunca volvió a saber nada de ellos.

Mientras tanto, Luis había cambiado de trabajo. La multinacional de fotocopiadoras le había propuesto una promoción y al mismo tiempo había tenido una nueva oferta de trabajo. Le ofrecían remontar una filial. Negoció el sueldo, dimitió de las fotocopiadoras y volvió a ser director general. La filial iba de capa caída. Tenía carta blanca para romper, despedir y cambiar. Estaba eufórico.

Cuando llamaron a María para una nueva oferta en una empresa española de servicios tecnológicos, Luis ya estaba trabajando como DG en Barcelona. Venía de vez en cuando a casa de María. No siempre avisaba y solía llegar tarde.

Capítulo 7 · El coche

María preparó cuidadosamente las entrevistas, estudiando los vocabularios sofisticados de teorías de gestión de equipos, gestión del cambio, *change management*. El puesto no tenía tanto *glamour* como el de la multinacional, pero revalorizaba su posicionamiento de manera diferente. Equipos de alto nivel, una empresa española en plena expansión internacional. Los socios tenían su «punto» de emprendedores alternativos y hablaban de grandes planes de expansión. María tendría que viajar a menudo. Percibió algo de soberbia en los discursos, pero ese día había recibido respuestas de algunos contactos y estaba de «subidón». Supo poner de relieve su aventura emprendedora, mostrarse segura de sí misma, e incluso graciosa. Tres días después de firmar la oferta, Luis y María encontraron un piso en pleno centro de Barcelona, con terraza jardín y cocina renovada. Caro, claro. Al final vivían juntos, con los perros y en Barcelona.

No había pasado nada. Ya tenían buenos trabajos y vivían juntos. El lunes siguiente, cada uno subía a un avión, en horarios diferentes.

El nuevo día a día se había instalado. Se cruzaban por la noche entre viajes y perros. Llegaban exhaustos al fin de semana. María desaparecía en aeropuertos, dejando sus perros a una amiga vecina. El fin de semana, trataba de recuperar su identidad abrazando sus perros y llevándoles a la playa, mientras Luis seguía durmiendo mas allá de mediodía. Parecía que desde que vivían juntos había desaparecido la cocina compartida. Cuando les tocaba estar en Barcelona, ella se quedaba enganchada al ordenador hasta altas horas de la noche, mientras él seguía reunido en sus oficinas. La bodega estaba vacía y el fregadero lleno.

—Bueno cariño, me alegro mucho de que hayamos conseguido encontrar estos días para estar juntos.

Ahora que las cosas han vuelto a su sitio, podemos estar más tranquilos. Tenemos cada uno un buen trabajo, hemos encontrado un piso guapísimo para vivir juntos, lo has decorado de maravilla y además pueden vivir tus perros....

—Yo no tengo un buen trabajo...

María está mirando el paisaje. Piensa en sus perros que ha dejado al cuidado de una amiga y en su viaje a Inglaterra de la semana que viene, donde tendrá que volver a pedirle el mismo favor.

—No seas tan exigente... tienes un puesto de nivel, en una empresa reconocida, con responsabilidad sobre varios países, además en una empresa española... todo lo que tu querías.

—Paso la mitad de la semana en aviones, para visitar países donde tengo que hacer de policía de la administración de horas de trabajo de *body shopping*. Escucho boberías, nadie me hace caso, salvo para preguntarme si realmente soy española, porque las españolas no son rubias. Creo que me voy a teñir el pelo y las cosas...

—¡Ja, ja, ja ¡ Claro cariño, esto debería encantarte! No solamente no soportan depender de un país como España sino que además tienen que obedecer a una mujer guapa. ¡Deberías estar encantada!

—Pues no lo estoy. Esta empresa es un caos, los socios no tienen ningún interés en que se construya una política diferente. Solo estoy aquí para marrones. No he hablado con ninguno de los directivos desde hace más de dos meses y...

—¿Y qué quieres hacer? ¡Pues busca otro trabajo! Al final, hemos encontrado trabajo en menos de tres meses...

María abandona el paisaje y se gira hacia Luis:

—Desde luego, cada uno tiene su versión de los acontecimientos. Llevamos dos años y medio dando vueltas, cambiando de casa, de trabajo y de vida sin parar. Quizás tres años ya. Según tú, hemos encontrado trabajo en tres meses. Por mi parte, creo que voy de mal en peor.

—¡Jolín María! ¡Todo depende de cómo miras la realidad... yo soy optimista!, ¡feliz! Mira María, hemos decidido montar un negocio juntos, realizar un sueño. Hay que intentar estas cosas y lo hicimos genial. En menos de seis meses había encontrado el local, liquidado los permisos y todo lo que era necesario y teníamos la tienda abierta. La administración nos puso pegas. Este país pretende matar a los emprendedores... al final, hemos recuperado la inversión. Y hemos decidido buscar trabajo. Yo he aceptado el primer puesto que me ofrecieron, mal pagado, en Sevilla... Ja, ja, ja, ¡vendedor de fotocopiadora! Podré decir que lo he probado todo. Y finalmente, lo de ahora. No está perfecto, pero...

María mira a Luis con algo de exasperación.

—Yo tengo un trabajo que no tiene ningún sentido. Parezco otra. No me gusta lo que hay... Tuve un puesto donde se me valoraba... quise montar un negocio. Antes de abrir la tienda, casi nos matábamos el uno al otro...

—María, eres una exagerada... tuvimos discusiones, pero esto es lo normal...

—¿Lo normal? Solo nos pusimos de acuerdo para decidir cerrarlo... y desde entonces... no sé. Cerrar fue un alivio para los dos. Eso sí, nos sirvió para descubrir que éramos incompatibles. Al menos trabajando juntos. Hablas de tus logros con el local y los papeles. Te olvidas que fui yo quien habló con la propietaria, quien pintó, rascó, limpió. Y a pesar de ello, nos invadieron las cucarachas. No sé si atreverme a hablar de ratas. No teníamos ni idea de lo que suponía llevar este tipo de negocio y no llegamos

ni al 20% de lo que habíamos previsto en el *business plan*. Eso sí, hemos, conseguido recuperar el dinero. Balance de la operación: la decisión de cerrar y el haber conseguido recuperar el dinero. Ya ves, la misma historia contada con dos miradas. Sin contar lo de ahora...
—Nos sirvió para darnos cuenta del tipo de trabajo que nos convenía.
—O lo que no nos convenía.
María apaga la radio y vuelve a girar la cabeza hacia el paisaje. Deja que se instale el silencio. La pregunta no dicha queda en suspenso entre el sillón del conductor y el del pasajero. ¿Qué es lo que nos conviene? ¿montar un negocio juntos? ¿trabajar juntos?, ¿vivir juntos?, o quizás ¿estar juntos?.
Los coches son los confesionarios del mundo moderno. Entre la cama, la cocina y el coche, gana el último. Se duerme en la cama, se come en la cocina, uno solo conduce el coche y el otro piensa. En el caso de que el que conduce solo esté pensando en la carretera, adecuar la velocidad, observar el entorno, escuchar el motor, o sea, conducir, solo hay uno que piensa: el pasajero. Generalmente, conductor y pasajero navegan en sus pensamientos y los silencios del coche hacen más ruido que un tren. Si se está juntos, el silencio es una comunión. Si se está separados, el silencio es un elefante a punto de explotar. La única solución es dormir. No se puede estar más juntos que en un coche. O más separados. Juntos, el coche da espacio para las conversaciones, confesiones y secretos. Separados, el coche no tiene escapatoria. Recoge el malestar, los no-dichos. El coche es una caja cerrada a los ruidos ajenos, con sillones cómodos, donde se puede hablar sin mirar al otro. Como el consultorio del psicoanalista que se sienta detrás de ti para dejar espacio a las palabras

que surgen de tu mente. Si uno quiere hablar, aquí tiene pillado al otro.

Luis decide interrumpir el silencio ruidoso.

—Y yo encontré el trabajo de venta en menos de un mes... Bueno, no sé. Yo no me arrepiento de haberlo intentado. Queríamos montar algo. Lo hemos montado. Era el momento. No teníamos trabajo ninguno de los dos. Teníamos dinero. Queríamos liberarnos un poco de trabajar para los demás. Nos gusta la cocina. Era un buen proyecto...

María sigue silenciosa. Luis se gira hacia ella.

—No vuelvas a encerrarte en tu torre de mármol. No me gusta cuando estas así, callada, enfadada. Tengo derecho en tener una versión más optimista que la tuya ¿no?

—...

—Contéstame por favor.

Ante el silencio de María, Luis vuelve a encender la radio. Se concentra en la carretera. Parece no haber oído el comentario de María sobre «lo que nos conviene o no nos conviene». Parece disfrutar de la música. Parece haber renunciado a conversar con María. Parece incluso que no le importa. Con ligeros movimientos de la cabeza marca el tiempo del *allegreto*. Mira el GPS. Se nota como el coche ralentiza.

Luis reduce, pone el intermitente.

—Mira María, voy a coger esta salida. Nos daremos un paseo por ahí. Podemos pararnos a pasear, a cenar. Hace un atardecer espléndido. Quizás encontremos una terraza en algún pueblo de por allí. Me muero de hambre. Seguro que tú también. Al menos así abrirás la boca...

Una carretera pequeña que sube por una colina llena de almendros. Luis ha vuelto a encender la radio para llenar el silencio de María. Encuentra música clásica, abre la ventana y sube el sonido. Luis es un melómano. María siempre se sorprende de su cultura musical, de su oído. Reconoce no solamente el autor, sino también la orquesta y su director. Parece que la música le indique el camino a elegir, izquierda, derecha. Un pequeño cartel anuncia un restaurante, seguramente cerrado en esta época del año. Coge el camino de tierra. Nada vuelve a indicar el restaurante. El camino está lleno de agujeros y de piedras. El sol está bajando detrás de los árboles. Pronto se hará de noche. María sale de su mutismo:

—Oye, ¿qué pasa si llegamos a un descampado, que el restaurante está cerrado, o que no podemos dar media vuelta y se hace de noche?

Ha vuelto a abrir la boca. Luis está contento. Baja la música, sonríe y contesta:

—Claro, ¿y qué pasa si cae un rayo, hay un terremoto o nos atraca un *serial killer*? Anda. Mira este lugar. Parece que está abierto. Para que te calles... ¿No ves que soy un hombre con suerte? Espérame aquí. Voy a preguntar.

Sale del coche y se dirige hacia la puerta donde brilla una luz. El lugar esta rodeado de casitas que parecen estar en ruinas. Los pinos rodean la aldea. Todavía se puede ver el paisaje bajo el atardecer. Algunas casas parecen estar en obras. La única que parece estar restaurada es la de la lucecita. Pica a la puerta. Enseguida le abre un chico alto, despeinado, con una sonrisa llena de dientes.

—Hola... ¿Es un restaurante? ¿Estáis abiertos? ¿Podemos cenar? ¿Es muy pronto?

El chico le contesta con un fuerte acento extranjero:

—¡Claro que podéis cenar! Sois los primeros clientes de la temporada. La carta es reducida. Lo más seguro es que tendréis que cenar lo mismo que nosotros. ¿Cuántos sois?

—Dos. Yo y mi mujer.

Capítulo 7 · El coche

Se gira hacia el coche. Susto. María está ahí, sonriendo, justo detrás de él. No hay manera que haga nunca lo que él le dice. ¿No le dijo que esperara en el coche?

María mira al hombre sin peine. Le tiende la mano:
—Buenas tardes. Soy María. Él es Luis. Tenemos hambre y sed. Este lugar es muy bonito. Es fantástico. No imaginaba encontrar un lugar tan...
—Pasad, pasad. Bienvenidos. Seguidme. Mi nombre es Mikael. Soy sueco. Estamos rehabilitando este lugar...

Mikael sigue hablando, mientras cruzan una cocina para llegar en una sala con butacas y mesas también restauradas, delante de una ventana grande. María ha recuperado toda su sonrisa. Parece cuestionar a Luis... otra vez ha conseguido darle el cambio. ¿Cómo podría seguir enfadada? ¿Realmente ha encontrado este lugar de casualidad? Y esa manía de presentarla como su mujer. En el fondo, es un convencional de toda la vida. «Mi mujer», la música clásica, la misa en Navidad. Mira a Luis con ironía:
—¿Y ahora qué? Tenemos el hotel reservado en Cabo Creus... a ver a qué hora llegamos. Desde luego, eres un hombre con suerte. Este lugar es increíble. ¿Realmente lo has encontrado de casualidad? No sé si fiarme de ti...
—¿Te gusta, verdad? Pues entonces qué más da...

Mikael les trae un par de cervezas, con taquitos de queso y un pica pica de verduritas con aceite.
—Tomaros esto de momento. Luego os sugiero de ir a dar un paseo por el camino de abajo. Es una bonita vuelta de aproximadamente media hora, el tiempo necesario para preparar la cena y abriros el apetito.

El camino bordea la aldea. Sube y baja entre rocas y pinos, con escaleritas de piedra. Luis y María van caminando. Comentan las iniciativas de estos

extranjeros que desembarcan en España para explotar lugares inexplorados. ¿Créditos? ¿Mayores facilidades financieras y jurídicas que en España?
María se para:
—Se está bien aquí... Yo pensaba hablar de lo de «ahora». Pero quizás debamos hablar de «lo de en medio»...
Luis se para:
—¿Lo de en medio? ¿Qué quieres decir?
—Lo de «antes», es cuando trabajábamos. Lo de «en medio», es el negocio. Lo de «ahora», es lo de ahora... Bueno, volvamos a «lo de en medio»... Aparte de pelearnos, ¿qué hemos hecho mal? ¿Qué sabe hacer Mikael que no hayamos hecho? ¿Por qué no nos ha funcionado a nosotros?
—María... yo creo que lo hemos hecho bien. Bueno, va. Estás cansada, tu trabajo te agota y lo ves...
María se sienta en una piedra. Corta una hierba y empieza a mordisquearla.
—Miro este lugar, el trabajo que han hecho aquí... Seguro que llevan ya tiempo instalados. Y no se han marchado. No sé... Había imaginado otra cosa... Una terraza soleada. En la plaza del pueblo, con mujeres sentadas debajo de la sombrilla. Los niños corriendo alrededor de la fuente. O los días de mercado. Con turistas finos comiendo mis magdalenas. Todo fue mal. Fue una pesadilla y no quieres reconocerlo. Y ahora...
Luis se estira a su lado. Se calla. Decide escucharla. Parece que esta vez quiere hablar. María mira el paisaje, las sombras de las nubes en los árboles.
—Imaginaba turistas nórdicos mirando la decoración de la sala, las sillas, los colores de las tazas de té. Recuerdo el día que encontré esas tazas. Estaba de vuelta de casa de mi madre. Pasé delante una pequeña fábrica con un anuncio de venta de artículos defectuosos. Seguro que ya había pasado delante esta

fábrica un montón de veces. Nunca me había fijado. Quizá por el cartel... Iba adelantada, habíamos quedado para comer. Sentí como un presagio. Me acuerdo que entré en el patio de la fábrica y enseguida encontré la puerta del almacén de los productos defectuosos. No había nadie, parecía como una película. *Alicia en el país de las maravillas.* Hubiese comprado el almacén entero. Una película inglesa. Florecitas, dibujos minúsculos, pequeñas tazas, grandes, anchas, estrechas. Estuve pensando en comprar tazas diferentes, una de cada color, de cada estilo. Un salón de té con sorpresa. Cada cliente hubiese tenido una taza diferente. Todos atentos a la taza que le tocaba. Como un juego...

—Ya lo recuerdo. Me llamaste preguntándome que me parecía tener treinta tazas diferentes... es verdad. ¡Esa fue muy buena!.

¿—Muy buena?

—Pues sí, era una típica idea tuya...

—No te gustó. Ni esa idea ni muchas otras que intenté hacerte entender y a las cuales no hiciste ni caso... Al final me llevé las únicas tazas que había treinta iguales. Me costó más caro y en vez de escucharme a mí misma...

—Bueno, al menos nos ha permitido vender las tazas. Nunca hubiésemos podido liquidar treinta tazas diferentes...

María suspira. Luis coge la mano de María.

—Soy un bruto. Quizás la idea de las tazas era una buena idea. Ya sabes, para estas cosas de las emociones no sirvo.

El sol ha desaparecido. La oscuridad está invadiendo el paisaje. La luna y su hermana Júpiter. Los árboles se transforman en sombras. Luis y María se mantienen callados. Miran los colores y el aire suspendido. Huelen el olor de la noche. En el fondo del silencio,

adivinan un fondo de música. Mozart a lo lejos. El sueco parece indicar algo.
Luis se gira hacia la casa:
—Se nos va a enfriar la comida. Tengo hambre.
—Qué pena. Me quedaría así horas...
Se levantan. Caminan en silencio hacia la casa. En el momento de entrar, María se gira hacia Luis:
—Yo creo que ese proyecto era un parche. Creímos que éramos más listos que otros. No somos más listos que los demás. Ahora no entiendo como hemos creído... bueno, también queríamos probarnos a nosotros...
—¿Qué dices ahora? No, la idea que teníamos era montar el negocio, ganar dinero, coger un gerente y volver a nuestra vida de empresa, con un paracaídas que nos permitiera no preocuparnos por despidos y pérdidas de trabajo. Un plan B. Probarnos a nosotros... pues yo no me doy por vencido. Quizá más adelante...
—¿Más adelante? ¿Qué vamos a hacer más adelante? No veo nada más adelante.
—Ay por favor. Vámonos a cenar. Esto si está delante.
La mesa está puesta. Unos platos de la Bisbal, unas servilletas blancas con rayitas rojas. Una sopa.
Luis retoma la conversación:
—Quizá tengas razón. Hay cosas que no siento. Creo que no siento nada. ¡Por eso me pagan! Es mi peor defecto... ¡Y mi valor diferencial! ¡Por eso soy como soy! No tengo problemas en decidir, en actuar, despedir, cambiar, trasladar. Sobrevivo a todo. Y aparte de mi familia, en general todo me parece fantástico... La verdad es que no entiendo lo mal que ves todo. Tampoco me parece genial mi trabajo, pero soy director general y me dan carta blanca. Los de la central no tienen ninguna estrategia. Solo son guerras políticas... pero ahora sé lo que quiero. Remontar

Capítulo 7 · El coche

empresas. Cambiar de empresas cada tres años. Hacer lo que nadie se atreve a hacer. Ahora quiero un proyecto más gordo, tengo que jugar en otra liga...
   María levanta la cabeza y le corta la palabra:
   —Luis, yo he pensado en esta conversación. Tú no. No quiero hablar de tu trabajo. Lo siento. Mira, he pensado que... a ver. Es verdad que el trabajo actual me mata. Soy incapaz de pensar. Cuando hablas de tu trabajo.... Me da la sensación que me lo paseas delante la nariz para... No sé... me hace sentir aún peor. Me ha costado pensar en cómo abordar lo de hoy. El otro día, cuando discutimos en la cena...
   —Perdí los papeles. Ya sabes. A veces me pasa. Me vuelvo loco y digo cosas que... Quizá debería haberme disculpado. Luego me sentí fatal...
   —Esto demuestra que sí que sientes algo...
   —No se trata de sentir. Contaste a todo el mundo que te maltrato, que te digo cosas, que soy un tirano... que vives momentos horribles. Estás siempre enfadada, cansada. Incluso, dijiste que ibas a fumarte un cigarrillo. Solo para molestarme. Empezaste a defender posturas que...
   —Dije lo que pienso y que hasta entonces no me había atrevido a pensar. Bastaba con reservar mi energía para ir el lunes a trabajar. Intento no dejarme llevar por el mal rollo, pero todo te da igual. Nuestra casa empieza a parecerse a nuestra cafetería, bueno, de momento no hay ratas. Quizás gracias a mis perros. Pero no podemos seguir así... yo no puedo.
   —María, lo que tienes que hacer es buscar otro trabajo. Desde que estás en esta empresa, no eres la misma. Si no te gusta, cambia, no es...
   Mikael aparece con su sonrisa sana y su mirada de *boy scout*. Trae una pequeña olla tapada y una bandeja con arroz blanco. Mikael parece encantado de su regalo.

—Pues resulta que nos quedaba *blanquette* de este mediodía. Mi mujer es medio francesa. Os va a encantar. Es un clásico francés en comidas familiares. Solo queda para una familia pequeña. Como vosotros. Quiero que me digáis lo que os ha parecido.
María abre la tapa de la olla. El olor a nuez de moscada, champiñones y crema de leche invade la sala. Sonríe y dice:
—Tengo una tía francesa que cocina *blanquette* los domingos. El olor me recuerda vacaciones de pequeña. Oh, qué bueno... mira Luis, una salsa blanca con zanahorias, champiñones, limón.
Mikael añade con un tono de disculpa:
—Quizás sea un poco escaso...
—No, no. Tenemos que volver a la carretera para llegar esta noche a Cadaqués. Mejor que no haya mucho. Si no, seguro que nos comeríamos todo.
Mikael se aleja. María sirve los platos. Cubre el arroz de salsa blanca. Luis retoma la palabra:
—Has oído lo que ha dicho. «Una familia pequeña...». Somos una familia. Pequeña pero familia.
María le acerca el plato:
—Ya. ¡Esta manía que tienes de presentarme como tu mujer! No estamos casados. Cuando me presentas como tu mujer, tengo la sensación que estás reivindicando derechos de propiedad.
Luis mira a María con ojos serios.
—No hace falta estar casados para ser una familia. Tú eres mi familia. Llevamos seis meses viviendo juntos, hemos montado un negocio juntos, lo hemos cerrado, hemos viajado por varios países, pasado vacaciones juntos, llevamos juntos casi diez años.
—Ocho. Ocho años. No diez.
María está comiendo. Comer siempre le devuelve su seguridad y asertividad. Añade pimienta. Mezcla el arroz con la carne. De repente, parece estar más

interesada por la comida que por la conversación. Luis vuelve al ataque:
—¿No decías que habías pensado en esta conversación? ¿No ibas a decir algo? Estábamos hablando de la cena en la cual dijiste...
—Me tratas como si fuera una chacha incompetente. O inexistente. No sé qué es peor.
Luis se queda con el tenedor lleno de ternera a mitad camino de la boca.
—¿Cómo qué? ¿Cómo una chacha?
—Eres un mal educado, egocéntrico, tirano y caprichoso. Solo miras tu propia historia. Puede surgir un terremoto que derrumba la casa de al lado y solo compruebas que no hay riesgo para la tuya.
Ahora es Luis el que está comiendo y que parece más interesado en la comida que en la conversación. Contesta, remojando el pan en la salsa de la olla.
—Vaya, pues sí que has pensado en la conversación. Mal educado... Es probable. Pero que yo sepa, no ha habido ningún terremoto. Estamos los dos sentados en un lugar privilegiado, disfrutando de tus recuerdos de infancia, y todo ello por casualidad.
María lo mira de manera sospechosa. Suelta sus cubiertos y deja sus manos debajo de la mesa. Su tono de voz se balancea entre la pena y el enfado:
—Aparte de tus insultos durante el negocio, ahora y siempre, no te diste cuenta de lo que he vivido cuando estuve a punto de irme a vivir fuera. Parecía que te daba igual. Me iba a ir a «un país emergente», quizá peligroso, trasladarme, lejos de Barcelona, de los perros, de ti. Parecía que te daba completamente igual. Al final, me dejaron plantada. Estuve semanas esperando. No me dijeron nada. Ni tú tampoco. Llegabas el jueves contándome tus batallitas profesionales. Cuando intentaba hablar de mi problema, te ponías a chillarme como si yo fuera responsable. Y ahora...

me siento transparente, inútil en este nuevo trabajo. Pensaba aprender al estar rodeada de consultores. Qué va... Estoy sola, en el trabajo, en casa, durante la semana y el fin de semana. Solo me quedan los perros. Más sola que lo he estado nunca.
—Hey, hey... tampoco lo he pasado muy bien cuando me metí en las fotocopiadoras. La política, sus procesos, mis traslados, sus rollos internos. Ahora no te creas que... bueno, ya han pasado seis meses. Integrarse a una nueva empresa no es nada fácil. Algunos dicen que se tarda tres años... ¡Ja! ¡ja! ¡ja! ¡Serán los que no tienen prisa! Pero oye, quizá con el tiempo encuentres tu lugar ahí. Hay que aguantar. Yo aguanto. No echo la culpa a nadie. Tú estás en tus guerras. Yo en las mías. ¿Lo de irte fuera? Parecías estar encantada de esa oferta, del salto profesional. No quería parecer un propietario, influir en tu decisión. Si me meto, soy un tirano. Si me callo, un egoísta. Ah no, no dijiste egoísta. ¿Cómo has dicho antes? «Mal educado, egocéntrico, tirano y caprichoso». No está mal. La verdad, es que creo que estoy bastante de acuerdo con todo. Pero ¿tú crees que me gustaba coger el avión, asistir a estas reuniones con *Power Point,* hacer la pelota al jefe de ventas por un sueldo de mierda?
—Ahora estás bien. Yo estoy mal. No me ayudas. Al revés. Me hundes más.
Mikael vuelve hacia ellos. La conversación vuelve a interrumpirse y a relajarse. Miran la hora. Es tarde. Si quieren llegar a Cabo Creus antes de medianoche, tienen que salir ya. Mikael les indica un atajo para recuperar la carretera. En el momento de despedirse, deja escapar:
—Ya sabes Luis. Tenías preparada una habitación por si acaso...

Capítulo 7 · El coche

María se gira de golpe. Ya no es una sospecha, es una confesión. Da un abrazo y medio pellizco a Mikael:

—O sea, todo estaba planificado entre vosotros. Bueno, felicita a tu mujer por la *blanquette*. Planificada o no, estaba muy buena.

Suben al coche y apenas arrancado el motor, Luis le dice:

—Mal educado, egocéntrico, tirano y caprichoso. Cierto. Pero también estratégico. No iba a dejar que planificaras tú sola toda esta escapada. Y no preparar algunos escenarios alternativos en caso de peligro. Tú ¿te has creído que iba a subir a un campo de batalla como este fin de semana, sin tener un plan de contingencias?

—O sea que no encontraste este lugar de casualidad.

—No. Lo busqué y lo elegí. Pensando en ti.

—Eres insoportable.

—Sí. Además de mal educado, egocéntrico, tirano y caprichoso. Además, soy insoportable. Y prudente.

Avanzan despacito en un camino de tierra diferente del que cogieron para llegar. Quizá peor. Será porque es de noche. Luis tiene puestas las luces largas. La bóveda de los arboles brilla en la oscuridad, saltando entre luz y sombra al ritmo de los baches y de las piedras. Atentos al camino y a los alrededores, Luis y María están silenciosos, concentrados juntos en los mismos riesgos, perderse, pinchar, romper, equivocarse. En fin, unidos. Solo se oye las gruñas del motor y de las ruedas en los guijarros. Al llegar a la carretera, se relajan. Al fin hablan:

—Yo ya me veía con la rueda pinchada en medio de un camino desconocido…

—Yo también. Imaginaba lo mismo. Pero bueno, ya está. Voy a darle caña a esta máquina para llegar pronto a Cadaqués. Si no recuerdo mal, la carretera para llegar tiene migas. Y luego tenemos que subir hasta Cabo Creus. Que no tengo ni idea de cómo se va...

La carretera sube hacia el noreste, entre estrellas, pueblos vacíos y bares cerrados. El elefante que volaba en medio del coche ha desaparecido. Ambos disfrutan del momento, de la carretera, de la noche, de las ansias por llegar a su destino. Parece como si el viaje durase desde hace días. La salida, los silencios, las conversaciones, la aldea, el paseo, la casa de Mikael, la *blanquette* y la luna. Ahora es un nuevo episodio. Empieza una nueva etapa del viaje. Tres días. Una eternidad.

Al cabo de un rato, María cruza las piernas. Parece no solo relajarse, sino incluso retomar modales suyos, modales de su adolescencia. Empieza a charlar sobre la receta de la sopa, el algodón de las servilletas, las servilletas de aquí y de allá, el vino tinto, los champiñones, razas, tipología, diferencias, la ternera, el buey y el corte de la carne. Un torrente de palabras. Luis escucha la charla encantado. Concentrado en la carretera y la velocidad, escucha, aprobando de vez en cuando el parloteo de María con un sonido o un movimiento de cabeza. Cruzan un pueblo, llegan a la carretera de Rosas y emprenden la subida hacia Cadaqués.

Como si las incidencias del camino fueran un freno a la charla, María ralentiza progresivamente su discurso, cambia de foco y finalmente se calla. Pero esta vez es diferente. Luis abre totalmente las ventanas y vuelve a poner la música. Hace frío y viento, pero las curvas y el paisaje de la carretera invitan a disfrutar de la noche. María se tapa. Disfruta del momento, del paisaje y de la próxima sorpresa que es la llegada.

Al llegar a la cima, ven de lejos el reflejo plateado de la luna en el mar y de los borregos de la tramontana.

Capítulo 7 · El coche

Una tempestad auténtica, con el mar blanco, las ramas de los olivos volando, el fuerte aullido de las rachas de viento, los arboles bailando al unísono. Luis reduce la velocidad para mirar el mar, apaga la música para escuchar el viento.

—Va a ser bonita la noche en Cabo Creus. Espero que el hotel no haya volado.

—Este hotel lleva toda la vida ahí. Seguirá aquí hoy, mañana y pasado mañana.

Luis sonríe constatando el cambio de mirada de María. Al iniciar el camino solitario entre parque natural, rocas y curvas, María se lanza:

—Quiero decirte algo. Antes de llegar arriba y de irnos a dormir. Lo voy a decir ahora...

Luis ralentiza, cierra las ventanas.

—Yo también quiero decirte algo. Quería decírtelo mañana, pero creo que mejor ahora.

—No me vuelvas a quitar la palabra.

—¿Yo? ¿Quitarte la palabra? Llevas cien kilómetros sin callar... pero bueno, sí, sí. Habla tú. Yo luego.

—No me conviene seguir viviendo contigo. Nos vamos a separar.

El silencio vuelve. Sorprendentemente sin elefante. Ninguna animosidad en el aire. Solo un suspenso. Finalmente, Luis levanta la cabeza y dice.

—Ya hemos llegado. Mucho ojo al abrir las puertas. Voy a aparcar en contra del viento. Dicen que la tramontana de este lugar puede arrancar las puertas. Voy a salir yo primero y vengo a buscarte para salir en este lugar que es el fin del mundo. Pero, espera...

Hace un par de maniobras y apaga el motor. El coche parece bailar bajo el viento de la noche:

—Yo también quería decirte algo... nos conviene construir una familia. Quiero casarme contigo.

Se quedan sentados, agotados, incapaces de moverse ni el uno ni el otro. Finalmente, Luis retoma la palabra:

¡No te olvides del pan!

—Bueno, salgamos de aquí y retomemos esta conversación a cubierto. O mejor dicho, esta discusión. Parece que otra vez no estamos muy de acuerdo.

Salen del coche y suben juntos el camino hacia el hotel. Les están esperando. Los acompañan a su habitación. Afuera se oye silbar el viento. El lugar es acogedor y protegido. Añoran a Mikael y la tranquilidad de la aldea del Ampurdán. Entran en el mini hogar. Se instalan. Cada uno parece ocupado en construir su espacio. María descarga la maleta, coloca las prendas. Luis comprueba la cobertura de móvil, calcula la velocidad del viento...

María abre la ventana. Entra una racha de tramuntana. Las cortinas vuelan, el ruido del viento invade la habitación.

—Me parece una buena decisión.

Luis esta acostado encima de la cama, vestido, con zapatos y abrigo, mirando su móvil.

—No te oigo. Cierra la ventana. Es imposible oír con este viento.

María se gira, abre más grande la ventana y alzando la voz, repite:

—Digo que me parece una buena decisión.

—¿Sí? ¿Cuál? O sea que ¿vas a dejar esta ventana abierta para que no te oiga?

—Esta que has dicho. Nos separamos y nos casamos. ¿Qué pasa? ¿No podemos estar casados juntos y vivir cada uno en su casa?

Luis se queda pensando mirando el techo. Repite con más suavidad:

—Cierra la ventana. No me oigo pensar.

María cierra la ventana. El silencio invade la habitación. En el horizonte, se ve pasar las luces de un carguero. María mira las luces. Intenta averiguar la distancia de las luces. Espera la respuesta de Luis.

—No está mal como solución. Es un *win-win*. Es una estrategia para evitar que las cosas se rompan

y facilitar la reconstrucción del equipo. Es complejo en términos de intendencia y seguramente más costoso.
—¿Esta es tu manera de ver las cosas?
—Mujer, por supuesto me da pena. Pero es una buena solución. Temporal. Y he conseguido lo que yo quería. Ahora, somos una familia.

La parte oculta

La lectura de la historia por el consultor de carrera

No basta con encontrar trabajo para que todo vuelva a la normalidad. Adaptarse a un nuevo trabajo puede ser fácil para unos, difícil para otros. No significa que unos sean más «adaptables al cambio que otros». La integración a un nuevo puesto de trabajo depende de lo que cada uno ha vivido «antes», «en medio», y «ahora».

Se considera necesario entre tres meses y tres años para construir la propia identidad en un puesto de trabajo. La experiencia del paro es a menudo un peso considerable para la pareja. Estar sin trabajo los dos a la vez tiene pocas ventajas.

Compartir la búsqueda de trabajo podría suponer una etapa íntima de pareja. No suele ser así. Cada uno ha perdido su identidad, su imagen, su día a día, su entorno. Cada uno cuestiona su imagen o su identidad. Cuando uno está en paro, la comunicación es compleja. Cuando son los dos, es peor.

El otro nos da una identidad. Con el otro existe un rol vinculado al trabajo. Cada uno se cuestiona lo que tiene o cree tener. La disponibilidad para el otro se hace difícil. Y ninguno de los dos comparte la misma manera de buscar trabajo.

No existe una sola manera de buscar trabajo. Sino tantas como el número de personas existentes, multiplicadas por sus historias... La manera de abordar la situación y la búsqueda de trabajo es un añadido que hace más compleja la fragilidad de ambos. Cada uno se encuentra ante su propia fragilidad y reacciona conforme a su percepción del funcionamiento del mercado.

Las fantasías naturales de los inicios del cambio se juntan, se dividen y se influyen. Puede que ante el malestar de la ruptura, se decida iniciar grandes proyectos: dar la vuelta al mundo, reinventarse, montar un negocio.

Lo que está en juego en una pareja que se encuentra simultáneamente sin trabajo es la capacidad de cada uno de mantenerse autónomo en el cambio, teniendo en cuenta al otro.

Reforzar su imagen de pareja en un momento de fragilidad es uno de los riesgos de una pareja que se encuentra al mismo tiempo en el paro.

El trabajo crea un marco, una identidad, que facilita el funcionamiento del día a día de la pareja. María y Luis han curado sus pérdidas a través de su imagen de personas «diferentes». Han decidido montar un negocio, seguros de su éxito. La imagen de seguridad de uno ha reforzado la imagen de seguridad del otro.

La situación de no-trabajo no era paro. Era una oportunidad de «reinventarse», de ser emprendedores.

La decisión de montar un negocio en pareja tiene riesgos de sentido común: llevarnos bien trabajando, llevarnos el trabajo a casa, no desconectar nunca, llevarnos lo personal al trabajo, poner en peligro la pareja por el trabajo, o el trabajo por la pareja. Por otra parte, muchas de las empresas familiares nacieron de un negocio de pareja. No es sencillo, pero no es imposible. Lo que se añade aquí es el hecho de haber sido despedido o haber dejado/perdido su trabajo más o menos a la vez, siendo pareja, encontrándose juntos en el paro. La simultaneidad se añade a las dificultades.

La pareja en situación de paro simultáneo tiene riesgos propios que se añaden a los riesgos habituales de montar un negocio.

La lectura de la historia con la mirada terapéutica de un psicólogo de pareja

El enamoramiento de Luis y María puede haberse producido sobre la base de un «yo» frágil por ambas partes. Ninguno es tan fuerte como parece. Cada uno ha construido una imagen valorizada de sí mismo, que se ha visto reforzada por la imagen del otro.

En este sistema, la perdida de trabajo «ataca» al corazón mismo de la relación. El que pierde el trabajo rompe el pacto con el otro al «quitarle» su imagen y, por lo tanto, la valorización de su propia imagen.

Ante esta fragilidad desnudada, cada uno responde con juegos de poder. Como si el poder pudiera sanear temporalmente la herida narcisista. Una mezcla de sistema, donde cabe destacar una situación particular donde se acumulan diferentes dificultades. La historia pone de relieve que:

◊ ambos han perdido su trabajo,
◊ ambos han fracasado en el intento de negocio,
◊ ambos han encontrado un nuevo trabajo.

Cada una de estas etapas ha sido vivida sin que ninguno comparta con el otro lo que ha estado viviendo. En cada una de esas etapas, esperan ansiosamente el reconocimiento constante del otro. Y no lo consiguen. La herida se incrementa en cada etapa:

◊ tratan de solucionar la pérdida del trabajo con la imagen valorizada de la emprendeduría,
◊ tratan de recuperar la imagen de fracaso del negocio con la búsqueda de una nueva posición profesional,
◊ tratan de rescatar esa etapa de vida con una revalorización de la imagen de su nuevo trabajo.

Este no-reconocimiento valorizador por parte del otro les lleva a remediarlo entrando en un nuevo juego de poder. En este sistema sustitutivo lo que está en juego es el dominio del otro. Requiere la «reedición» del otro. Suele suponer comportamientos de dominante y de complementario.

Tendemos a visualizar a la mujer, en este caso María, en el rol «complementario» y a Luis como el «dominante». Luis es el hombre y parece más «seguro» de su nueva imagen, mientras que María se siente desvalorizada.

Los roles de «complementario» y «dominante» no responden siempre a la visión clásica de mujer y hombre. Incluso, podríamos imaginar que la particularidad de la historia da a María el rol de «dominante». Quizás ella pueda ayudar a reconstruir un sistema diferente.

Siempre y cuando la imagen de Luis no corra el peligro de perjudicarla.

Consejo · *Si la búsqueda de trabajo es doble, la estrategia es triple: la tuya, la suya y la de ambos.*

Anexo

La mirada del psicólogo de pareja

Se trata de leer nuestras historias con la mirada de un psicólogo especializado en sistemas de pareja y terapia familiar. Esta mirada observa el sistema relacional de cada una de las parejas, a partir del modelo que los psicólogos llaman «sistemas de colusión» (Jürg Willi[6]).

La sistema de colusión de la pareja y la pérdida del trabajo

La pareja construye un sistema a través de «un contrato de roles». La pérdida del trabajo interfiere en este sistema, al igual que otros posibles acontecimientos como el traslado geográfico, el nacimiento de un hijo... El impacto de la pérdida del trabajo variará en función de la adaptabilidad de los roles construidos por la pareja.

---

6. Médico, especialista en psiquiatría y psicoterapia. Entre sus publicaciones destaca especialmente la obra *La pareja humana* (Madrid, 2002), que ha sido traducida a más de diez idiomas.

Sistema de colusión

La clave de modelo se encuentra en «el porqué» del enamoramiento de dos personas. Contempla la existencia de una herida «común» en cada miembro de la pareja y un acuerdo oculto para luchar juntos con una misma herida. El acuerdo se fundamenta en esta herida común. Ambos sufren de la misma carencia fundamental. La pareja se enamora y se junta sobre la base de esta herida compartida.

Existe un paralelismo entre un contrato colusivo empresarial y un sistema colusivo de pareja

En economía, se entiende por «colusivo» un acuerdo entre dos o más empresas para actuar de una determinada manera de cara al mercado. Estas empresas tienen un interés común que generalmente mantienen secreto. El acuerdo colusivo les permitirá ganar terreno, compitiendo mejor, perjudicando a otras empresas o impidiéndoles entrar en el mercado.

En términos de pareja, la teoría colusiva parte también de un acuerdo «secreto» en el plano de la relación. La relación de pareja es una relación muy diferente de las otras relaciones. La duración y sobre todo las referencias familiares de cada uno, hacen de esta relación algo «diferente»: cada uno deja que el otro le ratifique ser la persona que cree ser.

El acuerdo de la pareja

Es un acuerdo sutil. La herida se exterioriza de forma diferente para cada uno. La pareja expresa su necesidad a través de roles opuestos: cada uno ha llegado al acuerdo de exteriorizar de forma opuesta la misma herida. Con ello, cada uno ratifica su forma de ser, adoptando el rol «iniciador» o «complementario». El rol «iniciador» suele tener una postura activa. Ocupa la posición «alta». Lidera la problemática y la elección amorosa. El rol «complementario» está en una posición pasiva. Ocupa la posición baja. Delega al otro la obligación de «hacer». Permite al otro consolidar su postura.

El amor cura las heridas. Construimos un sistema, en principio de largo plazo para asegurar nuestro equilibrio y el equilibrio del otro. Este sistema no es un problema en sí. Al revés, es un equilibrio. Pero las interferencias en el sistema pueden consolidarlo, hacerlo más rígido, o al revés más flexible. En cualquier caso, puede impactar sobre la protección que otorgaba el sistema. La pérdida del trabajo es una de estas interferencias.

La pérdida del trabajo de uno de los miembros de la pareja interferirá en el sistema. Su impacto variará en función del sistema. Variará también en función de la adaptabilidad de los roles construidos por la pareja.

Nuestro análisis se fundamenta en hipótesis del sistema colusivo de cada pareja. La mirada psicológica identifica cuatro modelos de sistema de pareja:

◊ El sistema colusivo «fusión».
◊ El sistema colusivo oral.
◊ El sistema colusivo poder.
◊ El sistema colusivo de Edipo.

No pretendemos profundizar en aspectos de terapia familiar. Sencillamente fomentar un dialogo diferente para abordar lo que es importante en la búsqueda de un nuevo trabajo.

Nos emparejamos para construir una vida juntos. Es un acuerdo. Se fundamenta en un dolor compartido. Si finalmente nos separamos, es por la misma razón por la cual nos hemos juntado.

El desempleo y el rol en la pareja

Una pareja que vive una situación de desempleo atraviesa un cambio en su mecanismo de funcionamiento. Cualquiera que sea su origen, país, nivel económico, o nivel jerárquico, existe un sistema en la pareja y la situación de desempleo es un grano de arena en el mecanismo. Para gestionar el cambio, se requiere agilidad y flexibilidad en el acuerdo.

Acerca de la autora

Marion Suffert trabaja desde hace más de veinte años en consultoría de RRHH. Es considerada experta en gestión de carrera de directivos. También ha ejercido su actividad en políticas de empleo y proyectos de cambio organizacional de grandes empresas.

Doctora en Derecho por la Universidad de París-Panteón, actualmente es socia directora de Vasis Conseil, consultoría especializada en gestión de carrera y desarrollo de talento. Desarrolla su actividad en el Espai Taronja, lugar que reúne a profesionales independientes vinculados con la transición profesional.

Colabora con diferentes escuelas de negocio y universidades (ESADE, IQS, Pompeu Fabra., etc.). Asesora a instituciones, sindicatos y asociaciones en políticas de empleo (SOC, asociaciones de empresarios, CCOO, Barcelona Activa, etc.). Desde sus inicios de carrera trabaja bajo la influencia de Clavier Recherches, equipo de investigación franco-canadiense experto en la relación de la persona con el trabajo.

www.ingramcontent.com/pod-product-compliance
Lightning Source LLC
Chambersburg PA
CBHW021407210526
45463CB00001B/260